人間関係を占う
癒しのタロット

解決へ導く**カウンセリング術**

吉田ルナ 監修 片岡れいこ 絵

プロローグ

恋愛、仕事、家族、友達…私たちが生きる上で人間関係の課題はつきもの。問題を解決し、本来の自分らしさを取り戻し、気付きを得ていただければと願います。タロットアートセラピーは、絵が苦手な人でも大丈夫。タロットカードを登場人物のコマとして配置し、カバラ「生命の木」を活用した心理マップで分析し、後半は自らが理想の人間関係図を描く、癒しのヒーリングワークです。

タロットアートセラピストになるために
必要なものは、たったこれだけ！

①

登場人物のコマとして
「タロットカードの人物札 16 枚」
（手持ちのタロットがなければトランプでも代用可能）

プロローグ

② 頭の中に描く
「生命の木の心理マップ」
（本書で解説するシンプルな図形。）

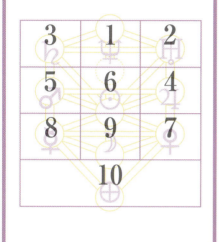

③ アートワークのための
「白い紙と彩色道具」
（コピー紙や色鉛筆など簡単なものでOK。）

④ セラピストになる呪文
「ありのままの自分と無条件の愛」
（難しくはありません。本書でコツを解説します。）

さあ、タロットアートセラピーを始めましょう！

はじめに

人間関係を良くして心から癒されるタロットアートセラピー

　神秘的で美しいタロットカード。たとえ占いをしなくても、見ているだけで大いなる神秘の力に触れた思いがし、日常から解放されて癒される人が多いのではないでしょうか？

　タロットカードは、ユダヤ教の秘教カバラ「生命の木」の教えを表しており、古代より神秘思想家によって、秘教を学ぶためのツールとして用いられてきました。今日の私たちの間でも、タロットカードは心を見つめ気付きを促すツールとして、占いに用いられています。

　カバラの教えは、精神分析の父として知られるフロイトや、欲求段階説のマズローほか、多くのユダヤ系心理学者に影響を与えたと考えられます。ユダヤ人だけでなく、私たちにとっても、人生で起こるさまざまな問題を乗り越えるための大切な教えの一つと言えるでしょう。

　今日私たちが生きる世界では、恋愛・仕事・家族・友達などのさまざまな要素に、複雑に絡みあった人間関係が大きく影響しています。その中心にあるのは、私たち自身の心です。カバラの象徴である「生命の木」は神の意識活動を表しています。そして、神の似姿として作られた私たちの心理活動もまた、「生命の木」で表すことができるのです。

　本書では、タロットカードを登場人物のコマとし、「生命の木」を心を映す心理マップとして用い、深層心理を探りながら、理想の人間関係図を完成させる、セラピーのためのアートワークを提案します。セラピーをされる側の人を相談者と見立て、行う側のセラピストの視点でカウンセリングのコツを解説していきますが、まずは自分自身が両方の視点に立ち、このワークを体験されることをお勧めします。人間関係に問題がなくても、大切にしている身近な人たちを扱うことで、人生の考察が深まります。本書で紹介するワークを通して、心から癒され、本来の自分らしさを取り戻し、自分に大切なものは何かを得ていただければと願います。

この本の使い方

第Ⅰ章　成功するタロットアートセラピーのコツ
タロットアートセラピー全体の流れとコツを大まかに把握します。詳しいリーディングは第Ⅴ・Ⅵ章で解説しますが第Ⅰ章の内容だけでもセッションは可能です。

第Ⅱ章　一対一の人間関係はこう読む
自分と相手、二人の人間関係について、実際のセッションを例に解説します。

第Ⅲ章　三人の人間関係はこう読む
自分を含めた三人の人間関係について、実際のセッションを例に解説します。

第Ⅳ章　複数の人間関係はこう読む
自分を含めた複数の人間関係について、実際のセッションを例に解説します。

様々なケースによる、セッションの運び方と、カウンセリングのコツをつかみましょう。個々のリーディングはセッションの最後に解説しています。

第Ⅴ章　人物札から見える関係性の心理を深く知る
人物札の詳しい読み方を解説します。タロットカードの考察が深まります。

第Ⅵ章　心理マップの領域が示す深層心理を深く知る
心理マップの詳しい読み方を解説します。深層心理を探る手がかりになります。

マスターする コツ
最初は実際に自分自身で練習をしながら照らし合わせていくと次第に頭に入るでしょう。

第Ⅶ章　導きを得たい時はタロットスプレッドで占う
気付きを得るよりも、導きを得たい場合は、タロット占いをお勧めします。

CONTENTS　人間関係を占う癒しのタロット 解決に導くカウンセリング術

プロローグ …………………………………………………………………… 2

はじめに …………………………………………………………………… 4

この本の使い方 …………………………………………………………… 5

もくじ（CONTENTS） …………………………………………………… 6

第Ⅰ章　成功するタロットアートセラピーのコツ ……………………… 8

 POINT 1　最終目標は心のわだかまりを癒すこと ……………… 10

 POINT 2　タロットアートセラピーの全体的なプロセスを把握する … 12

 POINT 3　セッションのための準備を整える ………………………… 14

 POINT 4　相談者に登場人物のカードを選んでもらう ……………… 16

 POINT 5　カードを配置してもらい心理マップを頭に描く ………… 18

 POINT 6　選んだカードと配置の理由を聞く ………………………… 20

 POINT 7　相談者に関係性を分析してもらう ………………………… 22

 POINT 8　レイアウトを読み取る①カードの個性から ……………… 24

 POINT 9　レイアウトを読み取る②位置関係から …………………… 26

 POINT 10　気付きを誘導するヒーリングワーク …………………… 28

 POINT 11　色彩の持つ意味を知ってアドバイスに役立てる ……… 30

第Ⅱ章　一対一の人間関係はこう読む …………………………………… 32

 POINT 12　子どもとの距離のとり方を知る ………………………… 34

 POINT 13　疎遠になった人との適切な関係を探る ………………… 38

 POINT 14　知り合ったばかりの相手と親しくなる ………………… 42

第Ⅲ章　三人の人間関係はこう読む ……………………………………… 46

 POINT 15　両親との関わり方を変えインナーチャイルドを癒す …… 48

 POINT 16　三角関係の恋に答えを出す ……………………………… 52

 POINT 17　影響を与えた人物との出会いから人生を紐解く ……… 56

第Ⅳ章　複数の人間関係はこう読む ……………………………………… 60

 POINT 18　一人ひとりの愛を確認し家族の絆を強める …………… 62

 POINT 19　人生の鳥瞰図として親族との関わりを見つめる ……… 66

 POINT 20　グループをまとめるために人間関係を見つめ直す ……… 70

 POINT 21　グループの中での恋と人間関係のバランスを取る ……… 74

CONTENTS 人間関係を占う癒しのタロット 解決に導くカウンセリング術

もくじ

第Ⅴ章 人物札から見える関係性の心理を深く知る ……… 78
- POINT 22 　杖（ワンド）のキング ……… 80
- POINT 23 　杖（ワンド）のクィーン ……… 81
- POINT 24 　杖（ワンド）のプリンス ……… 82
- POINT 25 　杖（ワンド）のプリンセス ……… 83
- POINT 26 　聖杯（カップ）のキング ……… 84
- POINT 27 　聖杯（カップ）のクィーン ……… 85
- POINT 28 　聖杯（カップ）のプリンス ……… 86
- POINT 29 　聖杯（カップ）のプリンセス ……… 87
- POINT 30 　剣（ソード）のキング ……… 88
- POINT 31 　剣（ソード）のクィーン ……… 89
- POINT 32 　剣（ソード）のプリンス ……… 90
- POINT 33 　剣（ソード）のプリンセス ……… 91
- POINT 34 　金貨（ペンタクルス）のキング ……… 92
- POINT 35 　金貨（ペンタクルス）のクィーン ……… 93
- POINT 36 　金貨（ペンタクルス）のプリンス ……… 94
- POINT 37 　金貨（ペンタクルス）のプリンセス ……… 95

第Ⅵ章 心理マップの領域が示す深層心理を深く知る ……… 96
- POINT 38 　秘教カバラは現代に生きる古代の叡智 ……… 98
- POINT 39 　生命の木は神へつながる心の地図 ……… 100
- POINT 40 　生命の木を心理マップに落とし込む ……… 102
- POINT 41 　領域①はエネルギーの流出 ……… 106
- POINT 42 　領域②はインスピレーション ……… 107
- POINT 43 　領域③は智恵を受容し理解する ……… 108
- POINT 44 　領域④は慈愛のエネルギー ……… 109
- POINT 45 　領域⑤は厳粛な判断 ……… 110
- POINT 46 　領域⑥は調和の取れた美しさ ……… 111
- POINT 47 　領域⑦は求め続ける熱意と欲求 ……… 112
- POINT 48 　領域⑧は日常的な判断や反応 ……… 113
- POINT 49 　領域⑨は日常の思考・行動・活動 ……… 114
- POINT 50 　領域⑩は神のエネルギーの顕現 ……… 115

第Ⅶ章 導きを得たい時はタロットスプレッドで占う ……… 116
- POINT 51 　自分を知る真実の鏡スプレッド ……… 118
- POINT 52 　自己を解放するインナーチャイルドスプレッド ……… 120
- POINT 53 　運命の相手を探るソウルメイトスプレッド ……… 122

体験談 ……… 124
あとがき ……… 126

第Ⅰ章
成功する タロットアート セラピーの コツ

POINT 1	最終目標は心のわだかまりを癒すこと
POINT 2	タロットアートセラピーの全体的なプロセスを把握する
POINT 3	セッションのための準備を整える
POINT 4	相談者に登場人物のカードを選んでもらう
POINT 5	カードを配置してもらい心理マップを頭に描く
POINT 6	選んだカードと配置の理由を聞く
POINT 7	相談者に関係性を分析してもらう
POINT 8	レイアウトを読み取る①カードの個性から
POINT 9	レイアウトを読み取る②位置関係から
POINT 10	気付きを誘導するヒーリングワーク
POINT 11	色彩の持つ意味を知ってアドバイスに役立てる

人間関係を良くするタロットアートセラピー全体のプロセス

タロットアートセラピーは、相談者自身が問題に気付き、解決法を見つけ、心のわだかまりを癒すことができるワークです。気付きを誘導することでセラピスト自身もまた、気付きと喜びを得られることでしょう。

この章では、セラピストとしての心得と準備するもの、効果的なセッションを行うための全体的なプロセスについてポイントをまとめました。
まずは、全体の流れを把握しましょう。

Ⓐ セッションのための準備を整える……………………………… Setup
Ⓑ 相談者の話を聞く…………………………………………… Consultation
Ⓒ 相談者に登場人物のカードを選んでもらう………… Card choice
Ⓓ カードを配置してもらい心理マップを頭に描く……………… layout
Ⓔ 選んだカードと配置の理由を聞く……………………… Counseling
Ⓕ 相談者に関係性を分析してもらう……………………………… Analyze
Ⓖ レイアウトを読み取る…………………………………………… Reading
Ⓗ 気付きを誘導する………………………………………………… Healing
　Step① アートワーク：理想の絵を描いてもらう……… art work
　Step② アウェアネス：表現したものを意識付ける… awareness
　Step③ クロージング：全体の感想を聞き根付かせる…… closing

POINT 1

最終目標は心のわだかまりを癒すこと

第Ⅰ章　成功するタロットアートセラピーのコツ

タロットアートセラピーは、相談者自身がカードを選び、白い紙の上に表現しながら、問題に気付き、解消法を見つけ、心のわだかまりを癒すことができるセラピーです。セラピスト自身も気付きと喜びが得られるヒーリングワークです。

登場人物のコマとしてタロットカードの人物札を使います

タロットアートセラピーは、タロットカードの人物札を登場人物のコマとして配置します。絵を描くと上手に描きたいという思いが働いて、心のままに表現しにくい場合がありますが、絵札を使うことで誰もが簡単に自分の本心や感情を表現することができます。

セラピストは、カードに秘められた意味を読み解くことで、関係性を理解する手助けをすることができます。

カードを自由に選んで配置するという簡単なワークですが、なぜそのカードを選んだのか？　なぜそこに置いたのか？　を考察することで、無意識にあったさまざまな感情を理解し、表現を通して開放することができるのです。

深層心理のリーディングに心理マップを使います

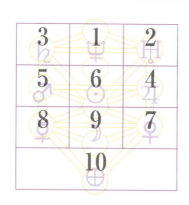

心理マップとは、カバラの教えを象徴する生命の木の機能を、心を表す領域として、四角い枠に落とし込んだものです。セラピストは、相談者がカードを配置した白い紙の上に、心理マップを重ね合わせるように頭の中で描きます。

白い紙全体を心理マップに当てはめて、カードや描いたものの位置などから、相談者の苦悩や問題を推測し、深層心理を理解する手がかりをつかむことができます。

相談者が、関係性と状況を客観的に判断できるように導く

相談者は、自分の抱えている人間関係を主観的に捉えがちです。問題を解消するには、自分の主観的な感情を理解しつつも、客観的な視点で人間関係を見つめることが大切です。相手の視点で見ることや、客観的に見つめることは時に困難ですが、セラピストとして愛と情熱を持って関わることで、相談者が自分の在り方を理解できるように導きます。

セラピストは、ありのままの自分として存在し、無条件の愛を持つ

ありのままの自分として存在する

セッションにおいて、セラピスト自身の感じ方や信念を承認し、ありのままの人間としての自己を受け入れ、一人の人間として相談者の前で存在していることが大切です。

自分自身の考えや感情を否定したり、歪めたり、隠したり、良く見せる必要はありません。本音と建前などの矛盾がなく、自己統一した状態で、ありのままの自分として相談者と関わることが大切です。

無条件の愛を持つ

無条件の愛というと難しく聞こえるかもしれませんが、相談者がどうあっても、どんなことを話しても、関心を変えることなく、一人の人間としての相談者を受容するようにしましょう。

相談者が自分と異なった考え方や感じ方をしていて、違う価値観を持っていても、心から相談者の存在を認め、生き方に肯定的な配慮を持って、相手と自分を同等のかけがえのない存在として尊重しましょう。

最終的に、相談者は自分の在り方を肯定し、心のわだかまりを癒します。

相談者が自分の感情を解放し、自分の在り方を肯定できれば、心のわだかまりは癒されていると言えるでしょう。自分の在り方に自信を持てれば、より良い人間関係を築くために大切なことや必要なものは何か、すべきことは何かに気付くことができるでしょう。

> **ポイントはこれだ！**
>
> 相談者は自分と相手の個性を認め、在り方を肯定し、気付きを得ることで、より良い関係性を持つことができます。同じことがこのセッションにおける相談者とセラピストの関係でも言えるのです。

第Ⅰ章　成功するタロットアートセラピーのコツ

POINT 2 タロットアートセラピーの全体的なプロセスを把握する

　タロットアートセラピーは、**タロットカードをアートセラピーとして使う新しいセッション**です。各項目の詳しい解説は後に記述しますが、まずは円滑に進めるために必要な全体の流れとポイントを把握しましょう。

Ⓐ **セッションのための準備を整える**　（詳細は→P14）　Setup

― ―

　・道具を揃える…タロットカードの人物札 16 枚
　　　　　　　　　生命の木の心理マップ（頭の中に描きます。→P18）
　　　　　　　　　白い紙と彩色道具
　・場を整える……リラックスできる安全で快適な空間を作ります。
　・心を整える……相談者を受け入れる心の準備を整えます。

Ⓑ **相談者の話を聞く**　Consultation

― ―

　「あなたが見つめ直したい、または問題を抱えている人間関係はありますか？」
　相談者の話に対し無条件に肯定し、傾聴の姿勢を示します。

Ⓒ **相談者に登場人物のカードを選んでもらう**　（詳細は→P16）　Card choice

― ―

　「まず自分のカードを選んで、次に登場人物のカードを選びましょう。」
　相談者に、登場人物を象徴するカードを 16 枚の人物札から選んでもらいます。

Ⓓ **カードを配置してもらい心理マップを頭に描く**　（詳細は→P18）　layout

― ―

　「選んだカードを、この白い紙の上に自由に配置してみてください。」
　相談者に自由に配置してもらうことで深層心理にある人間関係図が現れます。

Ⓔ **選んだカードと配置の理由を聞く**　（詳細は→P20）　Counseling

― ―

　「そのカードを選んだ理由は？　このように置いた理由はありますか？」
　まず自分のカードの選択と配置理由を、次に登場人物について話してもらいます。
　「本当にそのカードと配置でいいですか？　素直な心で置いてください。」
　と、心の解放を促すことで、相談者はもっと素直に配置することができます。

第Ⅰ章　成功するタロットアートセラピーのコツ

Ⓕ 相談者に関係性を分析してもらう（詳細は→P22） Analyze

「Bさん（登場人物）は、Aさん（相談者）のことをどう思っていますか？」
今度は相談者が配置した人物に話しかけるように質問します。相手から見た相談者（自分）はどう見えて、どんな風に相談者のことを思っているのか？相手の気持ちや客観的な立場になって、関係性を分析してもらいます。

Ⓖ レイアウトを読み取る（詳細は→P24） Reading

配置されたカードの状態から人間関係を把握します。あくまでも相談者自身の気付きを優先し、ヒーリングのステップでアドバイスとして伝えます。心理マップを用いて相談者の心理を読み取り、アートワークの誘導に活かします。

Ⓗ 気付きを誘導する（詳細は→P28） Healing

Step① アートワーク　　理想の絵を描いてもらう

「必要ならカードを修正し、彩色道具で理想の関係図を描いてみましょう。」
自らが描くことで、もっと自由に心の絵を表現することが可能になり、新たな気付きや、より深いレベルでの心の解放が起こります。

Step② アウェアネス　　表現したものを意識付ける

「ここに描かれたものは何を示していますか？」
アートワークによって表現したものを意識付けるために確認します。さらに、心理マップから読み取ったことを伝え、気付きを深めます。

Step③ クロージング　　全体の感想を聞き根付かせる

「完成したアートは、あなたの素直な心の表現です。いかがでしたか？」
感想を聞くことにより気付いたことを根付かせます。セラピストからのアドバイスとして、相談者自身が選んだ人物札のメッセージを伝えてもよいでしょう。

> **ポイントはこれだ！**
> タロットアートセラピーでは、相談者にとっての気付きがないように見えても、セラピストとして相談者を受容し、相談者を肯定できれば癒しは起こります。セラピストとしてジャッジしないで、関わることが大切です。

第Ⅰ章　成功するタロットアートセラピーのコツ

POINT 3

セッションのための準備を整える

セッションを始める前の準備として、道具を揃えるだけでなく心と場を整えることが大切です。難しいことはなく、少し工夫をするだけで聖なる力とつながり、**心から癒される特別な時間と空間を演出**することができるでしょう。

道具を揃える

①タロットカードの人物札16枚 （→P16）

タロットカードにはいろいろな種類がありますが、78枚のフルデッキならどんな種類でも大丈夫です。タロットカードは22枚の大アルカナと56枚の小アルカナ（アルカナ：神秘・奥義）に分かれていますが、**小アルカナの中の16枚の人物札**（宮廷札・コートカード）のみを使用します。

人物札の四種類の地位は、［キング］［クィーン］［ナイト］［ペイジ］と設定されているデッキが多く、本書では、［ナイト→プリンス］［ペイジ→プリンセス］と見なし、男女比を同じにしています。また、複数のデッキをお持ちなら、相談者に好きなデッキを選んでもらってもよいでしょう。

タロットカードをトランプや他のカードで代用する　コツ

タロットカードが無くても、占いができなくても、タロットアートセラピーは可能です。手持ちのトランプを（［ジャック］を［プリンス］か［プリンセス］に置き換えて12枚で）使用したり、セラピスト自身がイメージしたオリジナル人物札を作成するのも素敵です。重要なのは、相談者が登場人物を客観的に捉えて自分自身の気付きを得やすくするために、**心を絵で表現できる人間関係図を作成する**ことなのです。

②生命の木の心理マップ （→P18）

相談者がカードを配置した白い紙に重ね合わせるように、セラピストが**頭の中で描くシンプルなマップ**です。イメージしておきましょう。

③白い紙と彩色道具

用意する紙は、**彩色できる白い紙**で、カードが配置できる十分な大きさがあれば、長方形でも構いませんが、**正方形が望ましい**です。彩色道具はアートワークを行う時に使用します。上手に絵を描くことがメインではないので、マーカーや色鉛筆、パステルなど簡単なもので充分です。

場所を整える

セッションを行う場所は、個人情報が守られ、リラックスできる安全で快適な空間であることが大切です。部屋の大きさやテーブルの形は自由ですが、明るすぎず暗すぎず、清潔で集中できる空間を演出しましょう。セッションに大きく影響を与えないようなものであれば、リラクゼーション音楽や香りを用いてもよいでしょう。

心を整える

このセッションはタロットを使ったヒーリングアートセラピーです。セラピストが何らかの判断を下し、解決に導くのではなく、相談者自身が自分と向き合い、自分の感情や考えを表現し、気付きを得るためにサポートすることが目的です。セラピストとしてありのままの自分の存在を承認し、相談者の存在を肯定し、受容するために無条件の愛を持って向き合う準備をしてください。

セラピストになる コツ

セッション全体を見守り導く大いなる存在を天使にたとえてイメージしてみましょう。セラピスト、相談者、天使、それぞれのポジションを意識して、セッションが順調に進むことを祈ります。

相談者はセラピストに絶対的信頼を寄せます。セラピストはこの場で相談者が話したことを口外しないという秘密厳守を誓います。

ポイントはこれだ！
タロットアートセラピーは、占いの結果を伝えるよりも、相談者が話すことを待ち、相談者自身が気付くのを待つセッションです。時間がかかることもあるので余裕をもった時間を確保しましょう。

第Ⅰ章　成功するタロットアートセラピーのコツ

POINT 4 相談者に登場人物のカードを選んでもらう

相談者が抱える人間関係の一人ひとりを象徴するカードを、人物札の中から選んでもらいます。タロットカードの意味を知っている人に対しても、**16種類の人物の個性を簡単に説明**してから選んでもらいましょう。

タロットカードの人物札は16種類の人物の個性を象徴しています

タロットカードの人物札を含む小アルカナ56枚は、**生命の木の四世界に対応する四種類のスート**、杖（Wands）・聖杯（Cups）・剣（Swords）・金貨（Pentacles）に分かれ、16枚の人物札はさらに、［キング］［クィーン］［プリンス（ナイト）］［プリンセス（ペイジ）］という**四種類の地位**に分けられます。

右の表のように、**四種類のスートの気質と四種類の地位の人格的特徴**が交わったところが、各人物札の**個性**になります。

本書では人間関係においてインスピレーションを得やすいように人物札の個性に合わせたオリジナルイラストを使用しています。人種や国籍、文化や宗教を越えてつながる人類愛の思いを込めて描いています。

16種類の人物札から登場人物を選ぶ コツ

相談者自身のカードを選ぶとき、性格の特徴や立場、現状などを聞き、**候補になる人物札を提案**しながら進めるとよいでしょう。

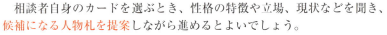

16種類の人物札の個性を一覧表で大まかにつかみましょう

スート	杖	聖杯	剣	金貨
気質	活力・情熱・直感	感情・受容性・情緒	知性・社会性・創造	継続・安定・形式
エレメント	火	水	風	地
トランプでは	♣	♥	♠	♦

人物札四種類の地位が示す人格的特徴

キング（責任・自信・誇り・権威）

杖	聖杯	剣	金貨
一般的に50代以降の情熱的なボス。創業者。カリスマ・ワンマン社長。監督。父親。	年齢は50代後半くらいの上品な男性。芸術家。家元。師匠。医師。宗教的指導者。教師。福祉事業者。	知的な指導者。最終判断に責任を持つ。高度な技術や知識を持つ人物。高級官僚。医師。弁護士。	年齢は50代以降の経済力のある安定した地位の男性。資産家。不動産関係の経営者。政治家。

クィーン（受容的・女性性・思考）

杖	聖杯	剣	金貨
一般的に30代以上のチャーミングな女性。既婚者。女社長。母親。明るく元気で世話好きな女性。	未婚の女性。内向的で受け身な性格。感受性が豊かで繊細。優しく親切で美しい。看護士。芸術的感性。	社交的で仕事のできる女性。未亡人や離婚歴のある女性。受容力と理解力のある聡明な女性。	内向的で自然を愛する女性。妊婦や子持ちの女性。専業主婦。不労所得を得ている女性。

プリンス（行動力・状況判断・活動）

杖	聖杯	剣	金貨
活動的な若い男性。スポーツマン。営業マン。情熱的で前向き。目立つ。行動力がある人物。	誠実で紳士的な若者。ロマンチスト。医療福祉やサービス業、海や水に関する仕事。芸術家。	知的で行動力がある若者。信念が強く論理的な思考の持ち主。技術者。公務員。IT関係。	経済的に自立した男性。製造業。農業。金融不動産関係。一つの場所で働く男性。保守的な思考。

プリンセス（純粋・従順・未熟）

杖	聖杯	剣	金貨
純粋で素直な子ども。元気で明るく活動的な女の子。愛されて人気者。好奇心旺盛。	想像力豊かな子ども。夢見がちな女の子。感受性が強い美少女。受動的で従順な若い女性。	知的好奇心旺盛な子ども。練習し技術を身に着けようとする。自分の考えを言える子ども。	目標のために努力する現実的な子ども。決められた環境の中で生活する女の子。箱入り娘。

第Ⅰ章　成功するタロットアートセラピーのコツ

ポイントはこれだ！ 相談者が迷っていたら、その登場人物の情報を聞いて該当しそうな人物札を提案したり、絵の印象や直観で選んでもらったりしながら選びましょう。打ち解けることにより相談者は心を開きやすくなります。

※人物札の詳しい読み方は→第Ⅴ章

POINT 5 カードを配置してもらい心理マップを頭に描く

相談者が白い紙に配置した心の絵図に、どんな意味があるのかを理解するため、**生命の木の機能を落とし込んだ心理マップを頭の中に描いて深層心理を読み解きます**。ここでは心理マップの大まかな読み方を覚えましょう。

カバラの生命の木の機能を落し込んだ心理マップの大まかな構成を覚える

▽ **生命の木**の機能を、私たちの心を表す領域として四角い枠に落し込んだものが**心理マップ**で、カードを配した白い紙に重ね合わせて見ることで、心の絵図が現れます。

▽ **心理マップの構成を覚える** 〈コツ〉
複雑なように見えますが、全体の傾向を表す**縦横の軸**と、個々の**領域①～⑩**の番号が頭に描ければ大丈夫です。

※ 0 のダアートは、非セフィラ（器）なので、心理マップとは対応させていません。

← マルクート（王国）は領域⑩であるとともに大切な要素である「場」を示します。

第Ⅰ章　成功するタロットアートセラピーのコツ

心理マップと生命の木との対応を把握して働きを理解する

- ①〜⑩の心の領域…生命の木の10のセフィロト（器）に対応します。

- 左右に広がる縦軸…心理活動のエネルギーの大きさが現れます。
  右軸→外に向かって取り入れ拡大する性質があり、男性的な活動を示します。
  左軸→すでに取り入れたものを守り縮小する性質で、女性的な活動を示します。
  中央軸→左右の拡大縮小のバランスを取る、0ポイントラインです。

- 上下に広がる横軸…生命の木の意識の階層を表す四世界に対応し、意識レベルの上下を表します。上は神の意識へ、下は物質の意識へ近づきます。

- 時間軸…相談内容によって、左下から右上へ時間軸をとる場合があります。

- 心理マップを使ったリーディングの コツ
  まずはカード全体の状態から、この相談の特徴をつかみ、それをふまえて個々の領域にある人物札の心理を読んでいきます。

心理マップは、カードが配された白い紙に重ね合わせるように頭で描きます

　白い紙は、正方形ならリーディングが容易になりますが、長方形でも構いません。その場合、縦横どちらにするかを、相談者に決めてもらいましょう。いずれも紙の比率に合わせるように、心理マップを落し込みます。

縦長の配置…上昇志向が強いか、上下関係を重視した人間関係が多い。

横長の配置…横のつながりや、仲間関係が重要な人間関係が多い。

第Ⅰ章　成功するタロットアートセラピーのコツ

ポイントはこれだ！　心理マップによる分析は、傾向を示すものと見なしてください。相談者独自の考え方があり、カードや配置が解説に当てはまらない場合もあります。何よりも相談者自身による自己分析を優先することが重要です。

※心理マップの詳しい読み方は→第Ⅵ章

POINT 6 選んだカードと配置の理由を聞く

相談者は、意識的か無意識的にカードを選び配置します。相談者自身に選んだ理由や配置した理由を語ってもらうことで無意識的な意図が明確になり、気付きを促すことができます。効果的な質問をして相談者をリードしましょう。

相談者を受容する傾聴の姿勢を心がける

相談者の話す内容に対して無条件に肯定して聞くということが大切です。自分のことを自ら進んで話す人もいますが、自己開示することに恐れや不安を持つ人もいます。個人的な悩みや苦い体験を話すのは誰にとっても辛いことでしょう。自分自身の感情や本音に触れることを避けている場合もあります。

誰かに心を打ち明けることは、自分の弱さをさらけ出したり恥をさらすことになるかもしれません。相談者は、セラピストが本当に信頼できる人物かどうかなどと考えながら、ためらう気持ちがあることを忘れないでください。

相談者が自分を変えようと勇気を持って話すことに応えるために、セラピストは、愛と情熱を持って話を聞くことが大切です。個人的な意見を言わず、良いか悪いかの判断をしないで、相談者の話す内容を受容し、傾聴しましょう。

相談者が素直に話せるように誘導する 〈コツ〉

無理に話さなくてもいい、という言葉をかけることで、相談者は自分の意志で話すことを選択します。話すことを無理強いしては心を開くことができないので、良いセッションができません。

セラピスト

言いたくないことは、言わなくても結構ですよ。

相談者

第Ⅰ章 成功するタロットアートセラピーのコツ

共感を示し、承認することを忘れずに

共感とは、相手の体験に同情し巻き込まれるのではなく、相談者が抱く考えや感情を認め相手の立場に立って理解することです。うなずいたり相づちを打ち、同調することで信頼関係（ラポール）が形成され、相手は心を開いて話すことができるでしょう。

なるほど。
そうですね。
分かります。

相談者に共感を示す コツ

相談者にとって全てイエスと感じる言葉を使い、相談者の気持ちを汲み取る言葉や、気持ちを代弁する言葉を使うとよいでしょう。

気付きを促すサポートを行う

相談者の話したことを復唱することで現状の再確認ができ、気付きを促します。さらに、相談者をリードする効果的な質問を行いましょう。

あなたは彼のことが苦手ですか？

答えづらい質問をしたい時の コツ

消極的な相談者や、答えづらい質問をしたい時は、イエス・ノーで答えられるクローズクエスチョンを使います。

彼のことをどう思いますか？

話を広げるための コツ

自由に答えられるオープンクエスチョンを使うと、相談者の意志を尊重しつつ話を発展させることができますが、自由な分、答えにくいこともあります。

〜ですよね？

上手くリードする コツ

相談者をリードする場合、不可疑問形式を使うと、相談者の抵抗は少なくなるでしょう。

ポイントはこれだ！ ペーシング（話すペースを合わせる）、チューニング（話す声の調子を合わせる）、バックトラッキング（オウム返しなど、同じ言葉を使って話す）などのテクニックを使うと効果的なカウンセリングができるでしょう。

POINT 7 相談者に関係性を分析してもらう

相談者が自分の状況や感情に意識的になり、自己分析をして、**客観的に関係を捉える**ことができるよう、さまざまな質問を行います。相談者が自分の本心に気付き、相手を理解し、新たな気付きが得られるように導きます。

事実を確認するための質問をする

カードを配置し人間関係を表現するだけでも、客観的に関係性を見つめることができるのですが、自分自身の**感情や信念が、状況や課題を見つめる力を妨げている**ことがあります。相談者が、さらに現状を受け入れ、事実を再認識してもらうための質問をしましょう。

事実を考察してもらうための質問の コツ

事実を確認するために、［５Ｗ１Ｈの質問］をいくつか使うと、相談者は効果的に自分自身を取り巻く現実を再確認することができます。

| いつ？
When | 誰が？
Who | どこで？
Where | 何を？
What | なぜ？
Why | どのように？
How |

ていねいに尋ねることがポイントです。相談者が答えることに対して、**受容と承認**を行いながら進めてください。

目標や理想的な状態を明確にする

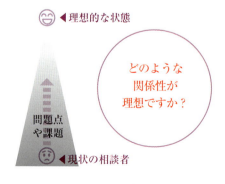

相談者が望む状況や関係性について質問してみましょう。相談者が、自分の置かれている状況と理想的な状態を話すことによって、**現状と理想との間にある問題点や課題**に気付くきっかけになるでしょう。セラピストにとっては、適切なリードをしやすくなります。

第Ⅰ章　成功するタロットアートセラピーのコツ

本心を確認するための質問をする

実際に起こった事実を相談者が再認識できたら、今度は相談者が導いた本当の思いに向き合ってもらいます。

客観的に分析するために「三つの立場」に立ってもらう

①まず自分Aの立場から、相手Bをどう思っているのかを語ってもらいます。

②次に相談者が、相手Bになったつもりで、BはAのことをどう思っているのか話しかけます。

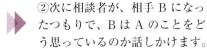

Aさん（相談者）は、Bさんのことをどう思いますか？

Bさんは、Aさんの思いを聞いてどう思い、Aさんにどう答えますか？

自分A　　相手B

相談者がBとして語ったことを、相手Bに聞かせるように復唱します。複数の相手がいれば、同じプロセスを繰り返します。

第三者

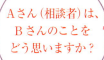

この人たちを客観的に見て、Xさんはどう思いますか？

③客観的第三者Xとしての相談者に、話しかけます。

④最後に自分に立ち返ってもらいます。

すべてのプロセスで、相談者の言葉を復唱することで、気付きを促します。

これからのあなたは？

・大切なことは？
・必要なものは？
・とるべき行動は？
・手放すものは？
・受け入れるものは？

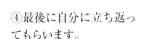

ポイントはこれだ！ 相談者自身が自己分析することで意識の変容が起こります。それを復唱したり、話した内容を要約しまとめたり、心情を察して気持ちを表す言葉を使うことで、気付きをサポートします。

第Ⅰ章　成功するタロットアートセラピーのコツ

POINT 8 レイアウトを読み取る①
カードの個性から

人物札は気質を示す四種類のスート、杖・聖杯・剣・金貨と、人格を表す四種類の地位［キング］［クィーン］［プリンス］［プリンセス］の組み合わせで16種類の個性が表れます。まずは選んだカードの種類から関係性を読み取りましょう。

選んだカードのスートから分かること

相談者が選んだ組み合わせから相性を見ることができます。四種類のスートの気質を把握しておきます。

杖……情熱家でエネルギッシュ。カリスマ性があり直観的で行動力がある。
聖杯…感受性が強く受容力があり優しくて繊細。情緒的でムードが大切。
剣……知的でクールで理性的。社交的で軽やか。情報で論理的に判断する。
金貨…現実的で経済感覚が発達。利益を優先し状況に対応。堅実で保守的。

同じスートの相手を読む コツ

価値観が合う二人。性格の類似性あり。同じスートの場合は、同じ地位のカードはないので、二人の間に上下関係や立場の違い、力や能力の差があることを示しています。

［金貨・クィーン］　　　　　　　　　　　　［金貨・プリンセス］

違うスートの相手を読む コツ

相手との価値観の違い、性格の不一致を感じています。相談者とは違う個性に対して、違和感を抱いているか、親しみを感じているかは、二枚のカードの距離で示されるでしょう。

［杖・プリンセス］　　　　　　　　　　　　［剣・プリンセス］

第Ⅰ章　成功するタロットアートセラピーのコツ

選んだカードの地位から分かること

相談者が選んだ組み合わせから、相互関係を見ることができます。四種類の地位による人格を把握しておきます。

キング……影響力のある権威者、支配者、父親的存在。社会地位の高い男性。
クィーン…受容的で思慮深い女性。母親的存在。No2。キングを守る存在。
プリンス…アクティブで活動的な存在。若い男性。行動力や実行力がある。
プリンセス…純粋な子どもや無邪気な女性。守られ愛される非力な存在。

同じ地位の相手を読む コツ

二人は同性で、同等の社会的立場か、同等の能力と思っている。同じ地位のカードを選んだ場合、必然的に違うスートになるため、スートの差のリーディングが重要ではない場合もあります。

より高い地位の相手カードを読む コツ

相手の方が相談者より社会的立場が上か、相談者よりも影響力があることを示しています。相手からの支配や指導があります。相手への尊敬の思いを示す場合もあるでしょう。

より低い地位の相手カードを読む コツ

相手の方が相談者よりも社会的立場が下か、能力が低いと思っています。自分が相手に対して大きく影響し、相手に対して指導的な立場か、保護や責任などを感じているかもしれません。

異性の相手カードを読む コツ

実際の性別を選ぶのが一般的ですが、もし実際と違う性別を選んだ場合、二人の関係には陰陽の役割があります。女性カード[クィーン][プリンセス]側の方が陰の役割で受容的、男性カード[キング][プリンス]側の方が陽の役割で行動的な役割になります。

同性の相手カードを読む コツ

実際の性別に対応するのが一般的ですが、もし実際の性別とは違うなら、性的な差を感じていないことや、恋愛感情などの性的な意識がないことを示しています。同士やライバルなど、相談者と相手の同一化や類似性を感じていることを物語っています。

> **ポイントはこれだ！**
> リーディングでは、カウンセリングで相談者が話したことを前提に読み取ります。読み取った情報は相談者に必ず伝える必要はなく、セラピストが相談者を理解するのに役立てます。

第Ⅰ章　成功するタロットアートセラピーのコツ

POINT 9

レイアウトを読み取る②
位置関係から

　登場人物の個性をつかんだら、次に相談者のカードから見て、他者のカードがどのような位置にあるかで見えてくる関係性を理解します。二枚の対人関係を例にしますが、複数の相手でも応用できます。

相談者の上に置かれる相手カードは支配者

　相談者に強く影響を与えている場合が多いです。尊敬する相手であったり、支配されている立場です。社会的な立場や能力などが相手の方が勝っている場合もあります。相手の能力や魅力や地位に対する憧れがあるかもしれません。相談者にとっては追い越せない相手です。

相手からの影響力を読む コツ

　二枚の距離が、遠いほど相手は手が届かない存在となります。お互いに影響し合っていますが、上下の差は開きます。距離が近ければ影響力の強い上下関係を示します。

相談者の下に置かれる相手カードは支配下

　相談者の方が社会的に上の立場であることや勝っている場合が多いです。相手と相談者の関係は、相談者の支配下にある人物、相談者が保護者や責任者であるでしょう。相手は、守り、育てていきたい人物です。または相談者を支えている立場の人物です。

相手への影響力を読むコツ コツ

　二枚の距離が、遠いほど直接関わりにくい存在となります。近いほど影響力が強い相手となり、親密さがあり、相手の保護や養育意識が強いか、相談者を潜在的に支えているということが言えます。

第Ⅰ章　成功するタロットアートセラピーのコツ

相談者の右側に置かれる相手カードは進歩的

相手との力関係は同レベルで、社会的に対等な立場を示しています。右側は、外に向かって活動するエネルギーを示すので、相手の方が進歩的な人物でしょう。また右側は、時間軸として未来を示す場合があるので、相手の方が相談者よりも未来志向であるとも言えます。

進歩性の差を読む

二枚の距離が近いほど親近感を感じています。相談者は相手よりも受容的で保守的傾向があり、堅実と言えるでしょう。二枚が離れるほど対立関係を象徴し、相談者の保守さと相手の進歩的な考え方の違いが現れます。

相談者の左に置かれる相手カードは保守的

相談者の方が進歩的で、相手はそれに対処する関係性かもしれません。社会的には対等であるけれど、相手の方が受動的で、保守的な考え方を持っているでしょう。左側は、時間軸として過去を示す場合が多いので、相手の方が相談者よりも過去や原点を大切にしているとも考えられます。

保守性の差を読む

相談者の持つ進歩的な考え方や活動的な傾向を相手は受容します。二枚の距離が近いほど親近感を感じ、離れるほど対立関係を象徴し、相談者の進歩的な考え方に対し、相手が保守的傾向を示します。

> **ポイントはこれだ！** 斜め上や斜め下の位置関係の場合も上下、左右の位置関係を参考に読み取ってください。リーディングが難しければ、「どうしてこのように置いたのですか？」と尋ねてみましょう。

第Ⅰ章　成功するタロットアートセラピーのコツ

POINT 10

気付きを誘導する
ヒーリングワーク

　セッションの後半は、相談者がとらわれている感情や思考から解放され、**自分らしく生きる**ことをサポートするヒーリングワークです。本来の自分は、人物札で示される以上の**可能性と才能と魅力に満ちていることを実感**します。

理想の絵を描いてもらう　art work

　人間関係図の中ではそれぞれの登場人物が役割を演じて関係性が成り立っています。役割は時にとらわれとなり相談者を制限します。アートワークではその**とらわれの枠を越えて自分の本質を表現**するように自由に描いてもらいましょう。

> カードを変えたり、動かしたりして、望ましい状態に直しましょう。

これからの在り方を想像してもらう　コツ

　アナライズで導いた一人ひとりの個性と相談者自身の個性、それぞれの在り方を意識して、必要ならばカードを変えたり動かしたりして、**理想の関係性になるように修正**してもらいます。

> 絵や言葉、好きなものを描いて理想の状態を作りましょう。

自分らしさを表現してもらうための　コツ

　色を塗ったり言葉を書いたり、自由に絵を描いていると、子ども心に戻ったように、自己の解放が促されます。**カードの配置や種類などの役割を越えた、自己の持つエネルギー**を表現できるように、自由に描いてもらいましょう。

> あなたの自分らしさが表現できましたね？

自分らしく生きてもらうための　コツ

　相談者が、願いや気持ちを解放することで、納得する絵が完成します。完成したらその絵に対して、上手い下手などの**ジャッジはしないで**、表現したものを受け入れるように伝えましょう。

第Ⅰ章　成功するタロットアートセラピーのコツ

表現したものを意識付ける　awareness

　　描いたものが何を示しているか、なぜこの位置に描いたかなどを尋ねることで、無意識の中にある漠然とした気付きを明確にします。また、表現しているうちに新たな気付きが生まれます。
　　さらに、気付きを深めるために、心理マップから読み取ったことや、使った色から分かることをアドバイスしましょう。それらの情報は、作品に現れた相談者の心の世界や無意識にある情報を表しています。

心理マップからのアドバイスの

　　相談者自身が語ったことをもとに、心理マップのレベルや軸、領域の意味などにとらわれ過ぎず、相談者の役立つ情報をアドバイスしましょう。

> 描いてみて、何か感じるものがありましたか？

全体の感想を聞き根付かせる　closing

　　セッションを通して学んだことや気付いたことを根付かせるために、相談者に全体の感想を聞きます。セラピストとしてこのセッションで体験した気付きや喜びを相談者とシェアしましょう。
　　そしてこのセッションで得られたものを活かすために、完成した絵を時々見返すことを勧め、画像に残しておきましょう。のちに同じワークを行った時、その記録から心の変化を読みとることができるでしょう。

タロットカードで背中を押す

　　相談者がより自分らしく生きていけるよう背中を押したい場合は、相談者の人物札が持つ肯定的な才能が、相談者自身にもあることを伝えましょう。第Ⅴ章のワンポイントメッセージを参考にするとよいでしょう。

> Aさん（相談者）の真心が感じられて、私も感動しました。

ポイントはこれだ！　相談者が自分の思いや感情を素直に認め、自分の意志で変えられることに気付き、心のわだかまりを癒して自分を肯定し、それぞれの人との関わりを通して成長が促されることを目指します。

第Ⅰ章　成功するタロットアートセラピーのコツ

POINT 11 色彩の持つ意味を知ってアドバイスに役立てる

タロットアートセラピーでは彩色道具を使って、言葉や絵を表現します。色は光であり、光はエネルギーです。色彩は私たちにさまざまなエネルギーを与えてくれるとともに、ある心理状態を誘発します。相談者が自由に選択する色にも**心理的なメッセージ**が潜んでいます。相談者を理解して効果的なアドバイスを行うために、色の持つメッセージを参考にしましょう。

情熱の赤
炎や血を連想させる赤は、情熱や生きる意欲を象徴します。元気や活動のエネルギーです。

無邪気なオレンジ
エネルギーに満ちた色で、子どものような遊び心と、愛されたいという思いを示す色です。

ファンキーな黄色
元気で明るく、知性を示し、コミュニケーションを促します。光を表し、知恵や希望を意味します。

萌える黄緑
若葉が萌える色であり、若いエネルギーを象徴します。知恵と軽やかさ、植物の穏やかさを示します。

リラックスしたい緑
穏やかで平和な心や安らぎをもたらす色。自分のペースで自然体に生きることを助けます。

聖なる守護の空色
天の色であるブルーは聖なる色とされています。天の導きと保護のエネルギーを示します。

色彩からアドバイスする コツ

一般的に連想されるイメージとは別に、相談者独特の色遣いや協調された表現があれば、「この色は何を示していますか？」とたずね、話してもらうとよいでしょう。

第Ⅰ章　成功するタロットアートセラピーのコツ

誠実な青
叡智と繋がる色。冷静に状況を見極め、深い洞察を得ることや第六感を高めるとされる色です。

神秘のパープル
孤高を示す色。物事を客観的に見ることを助けます。魅惑的な人や不思議なパワーを意味します。

恋するピンク
女性らしさを象徴し、優しさや愛を示しています。傷つきやすさを示す色でもあります。

安定のブラウン
物質的な安定と権威の保持を示します。温もりや伝統を表しますが、保守的で頑固な面もあります。

ぬくもりのベージュ
ベージュは肌の色を連想させ、素朴で飾り気のない優しい温もりを示し、安らぎを与えます。

完璧なゴールド
完璧で崇高なありさまです。最上級のゴージャスな表現や、若返りたい欲望を示します。

神聖なシルバー
神とつながる神聖な色です。尊敬する人や精神の高まりを示します。邪気を払う意味もあります。

調和のグレー
どんな物事に対しても対応する力を示す色。しかし、多用すると感情表現が難しくなる色です。

わが道を行く黒
絶対的な力への熱望。カリスマ性を示しますが、闇を表す場合は、絶望と恐怖を意味します。

相談者が使った色のメッセージを読み取ることも大切ですが、その色で何を描いたのかが重要です。また同じ色を各所に使っている場合は、共通するものや関連性を示しています。

第Ⅰ章　成功するタロットアートセラピーのコツ

第Ⅱ章
一対一の人間関係はこう読む

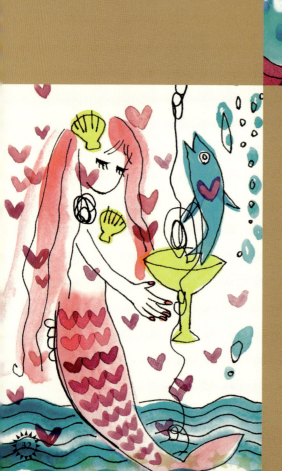

POINT 12　子どもとの距離のとり方を知る

POINT 13　疎遠になった人との適切な関係を探る

POINT 14　知り合ったばかりの相手と親しくなる

一対一の人間関係による、相談例を紹介します

複数の人間関係の場合も、「私」と「相手」という
一対一の関係として見つめることができます。
自分が相手にとってどうあるべきかを考えたり、
お互いの気持ちを大切にしたい時にお勧めです。
第Ⅰ章で解説したプロセスに沿って、三種類の相談例を挙げています。

POINT 12

子どもとの
距離のとり方を知る

　成長した子どもとのコミュニケーションのとり方や、関わり方が分からなくなる時があります。成長していても子どもは子ども。**子どもの人格を尊重し、一人の人間としてどう関わるのか、親としてどう関わるのか**を模索します。

第Ⅱ章　一対一の人間関係はこう読む

相談例　Consultation　　　　　　　　　　　　　　　　相談者の話を聞く

相談者Aさん（50代♀）
息子（30代前半♂独身） には、自分の人生を建設的に築いてほしいと考えています。早く自立してほしいのですが、結婚や将来のことをどう考えているのか？　ついつい心配で小言を言ってしまいます。

配置例　layout　　　　　　　　　　　　　　　　　　カードを配置してもらう

息子♂

Aさん♀

カウンセリング　Counseling　　　　　選んだカードと配置の理由を聞く

▶Aさん［金貨・クィーン］を選んだ理由
私はマイペースで、心穏やかに暮らしていきたいと思っているので、このカードのイメージです。息子が早く結婚するなり、独立するなりして家を出て行ったら、自分の好きなことをしたいです。

▶息子［剣・プリンス］を選んだ理由
息子は、何を考えているのか分かりません。自分のことはあまり話しませんが、介護の仕事をしていて仕事や自分のやりたいことは頑張ってやっています。私に対しては冷たいです。

アナライズ　Analyze　　　　　相談者に関係性を分析してもらう

  Aさんから息子さんに言いたいことは？
▶A→息子…仕事、頑張っているかもしれないけど、将来のことはどう考えているの？　私の言うことは「うるさいな」と思うだろうけれど、早く自立して、生きて行ってほしい。

  息子さんからAさんに言いたいことは？
▶A←息子…一人暮らしの時は家事ができなかったので、今は母さんに感謝してる。仕事もまだ先のことは分からないけど、僕なりに考えてるから、とやかく言わないでほしい。

 客観的に見た二人の関係性は？
▶X…互いに相手に対する配慮があり、適切な距離を取っている。それぞれ言いたいことはあるが、相手を尊重し合っているので、仲の良い親子だと思う。

 ポイントはこれだ！ 家族や恋人は、相手のことを理解し合っている関係だからこそ、面と向かって言えないこともあります。アナライズでは、お互いに自分の本音を伝え合う誘導をして、コミュニケーションをとってもらいます。

第Ⅱ章　一対一の人間関係はこう読む

ヒーリング　Healing　　　相談者の気付きを誘導する

アナライズのセッションでお互いの気持ちを理解することができるのは、表面的な感情に隠された本音を心のどこかで知っているからです。お互いの本心に気付いたら、それをアートワークで表現し、意識付けしましょう。

Step① アートワーク　　　理想の絵を描いてもらう

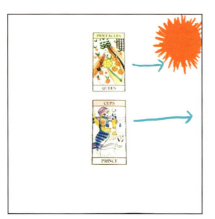

息子さんへの認識が変わったようなので「思いやりがあり、優しい人のようですね。人の気持ちを汲み取れる［聖杯・プリンス］の方がぴったりでは？」とカードの変更を促しました。

相談者が新しい気持ちで関われるよう、これからの息子さんとの関わり方を考えながら描いてもらいました。

Step② アウェアネス　　　表現したものを意識付ける

息子さんは母親である相談者Aさんの影響下にありますが、それでも、それぞれが自分の未来を見て進んで行けるように矢印を描いたそうです。「太陽が未来を祝福しているんです。」と語ってくれました。

Step③ クロージング　　　全体の感想を聞き根付かせる

▶相談者Aさん
どんな風に思われているんだろう、どう関わればいいのだろうと悩んでいたけど、今のままでいいんだということに気付きました。未来を向いて生きて行こうと思います。なんだか安心しました。

ポイントはこれだ！
母としての気持ち。子どもとしての思い。親子の絆。三つの要素が意識できれば、今の状態に対しても肯定的な意識が持てます。今の関係を変えるのではなく、今の関係を受け入れることを促します。

リーディング　Reading　　　　　　レイアウトを読み取る

最初のレイアウトでは、お互い対等な関係で、距離感を感じていました。アートワーク後は、お互いの距離が近くなり、母としての意識を強く持ち、それぞれの未来を見つめる作品となりました。

Check①
アナライズを通して息子さんの印象が、ドライな［剣・プリンス］から、気持ちを汲み取る［聖杯・プリンス］へと変化。

Check②
二人は平行線で左右に距離があった状態から、中央の領域①⑥⑨に移動。バランスが安定したことを象徴している。

Check③
母として息子の人生を見守っていく意識から、自分の下に息子のカードを配置。母としての関わり方の変化を表している。

第Ⅱ章　一対一の人間関係はこう読む

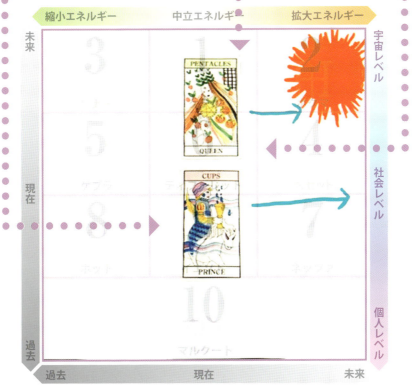

ポイントはこれだ！　右上に描かれた太陽は、明るくエネルギーに満ちた未来を象徴しています。二人ともが未来の方向へ進む矢印は、未来を心配するより、前を向いて元気に生きて行くという相談者の気持ちの表れです。

POINT 13

疎遠になった人との適切な関係を探る

　自分から発信しないと連絡がない人や、連絡を取ってもレスポンスが遅い人、連絡が取れなくなった人との関係を見つめ直し、適切な関わり方を探ります。**これからの関わり方を見つめたい時**に有効です。

相談例　Consultation　　　　　　　　　　　　　　　　相談者の話を聞く

相談者 A さん（40 代♀）
仕事の同僚 B さん（30 代♂）とプライベートで関わるようになりまた。私が B さんに教えるという関係でしたが、連絡が取れなくなりました。中途半端な状態なので、どうして連絡が取れないのかが気になります。

配置例　layout　　　　　　　　　　　　　　　　　　カードを配置してもらう

第Ⅱ章　一対一の人間関係はこう読む

A さん♀

B さん♂

カウンセリング　Counseling　　　　選んだカードと配置の理由を聞く

▶A さん［杖・キング］を選んだ理由
私は、自分のやりたいようにするタイプで、友達は少ない方ですが、Bさんとは仲良くなり、いろいろ指導していました。彼の活動を応援しているし、これから先も多くの人に、私の持つ知識を伝えていきたい。

▶B さん［金貨・プリンス］を選んだ理由
Bさんは独身で堅実な人。若くして家を購入し、安定した会社できちんと勤めています。閉鎖的で、個人主義なところもありますが、信頼できる人です。

アナライズ　Analyze　　　　相談者に関係性を分析してもらう

　AさんからみてBさんは？　　

▶A→B … Bさんは保守的だけど、仕事場の人の不満を汲み取り上司に意見していたので、温かいところがある。彼のやろうとしている活動をサポートし、応援したい。

　BさんからみたAさんは？　◀ ● ● ● ● ● ●　

▶A←B …親切で、もっと〇〇した方がいいとか、なぜ〇〇しないのかと問うてくれる。自分もそうは思うが、ペースが合わず、しんどい。情熱的すぎるので少し距離を置きたい。

　客観的に見た二人の関係性は？　

▶X …Aさんは、教えるのが途中だったので責任を果たそうと、Bさんとの連絡にこだわっているが、Bさんは距離を置きたがっている。もう関わらなくてもいいんじゃないか。

ポイントはこれだ！　一対一の関係性の中で特に異性の場合は、恋愛感情の有無などを確認するといいでしょう。今回、相談者の選んだカードは［キング］と［プリンス］という同性なので恋愛感情はないと思われます。

第Ⅱ章　一対一の人間関係はこう読む

ヒーリング　Healing　　　相談者の気付きを誘導する

最初のレイアウトで、Bさんのカードは相談者の心の世界からはみ出していました。相談者はアナライズで、自分とBさんの気持ちの違いを知り、第三者Xのポジションで、連絡を取らなくてもよいことを悟りました。その気付きを肯定するようにリードするとよいでしょう。

Step① アートワーク　　理想の絵を描いてもらう

相談者は「もうこのカード要りません。」と自分の心の世界から、Bさんのカードを外しました。
「では、これからのAさんが、広げたい活動について描いてみてはいかがですか？」とアドバイスするとAさんは、心に掛かっていた雲が晴れたかのようにのびのびと描き出しました。

Step② アウェアネス　　表現したものを意識付ける

相談者Aさんは、Bさんへの思いや仕事を成し遂げなければというこだわりを手放し、自分の活動や表現を続けることが大切だと気付きました。Bさんの気持ちを尊重し、自分のことに集中すればいいと話してくれました。

Step③ クロージング　　全体の感想を聞き根付かせる

▶相談者Aさん
何かBさんに対するこだわりが吹っ切れました。第三者として見るという視点で、気付くことがたくさんありました。自分の執着心が見えて、関わり方が分かりました。そして自分の活動を広げる気持ちが増しました。

ポイントはこれだ！
なぜ現状に至ったのかが分かると、適切な関係が「関わらない」という答えに至る場合もあります。カウンセリングの時に、二人の理想的な状態以外に、相談者個人の理想を確認しておくとよいでしょう。

第Ⅱ章　一対一の人間関係はこう読む

リーディング　Reading　　　　　　　　　　レイアウトを読み取る

　Bさんのカードは Aさんの心の領域⑦の下辺りから右にはみ出し、かろうじて接触していたのですが、アナライズの後の心境の変化で、相談者は Bさんのカードを外し、自分の世界を描きました。カードの左寄りの配置は堅実さを表し、Aさんの才能が世界の隅々まで広がっています。

Check①
領域⑤の⑥⑧寄りにある Aさんのカードは、物事に対して建設的な判断を行い、明確に意識を打ち出す位置。

Check②
カードの上部、頭に冷静さの青、下部、足に大地の緑と土色が描かれており、安定性を示している。

Check③
Aさんのカードから、領域①の高い理想と、四隅にハートが飛んでいる。Aさんのエネルギーが世界に広がっている。

ポイントはこれだ！　自分の活動を広げたい思いが現れています。5つのラインからハートが飛び出し、その先で3つの花になっています。Aさんの活動が、さらにその先で開花して広がっていくことを示しています。

第Ⅱ章　一対一の人間関係はこう読む

POINT
14

知り合ったばかりの相手と親しくなる

知り合ったばかりの相手を知ることは困難かもしれません。**自分に関わる相手は、自分の何かを投影している**と考えながら、自分の現状と相手に対する関わり方を分析することで、新しい気付きや発見があるでしょう。

| 相談例 Consultation | 相談者の話を聞く |

相談者 A さん（30 代♀）
SNS で知り合った B（♀）さんとはとても気が合います。私は実際に会ったりしてもっと親しくなりたいのですが、B さんの気持ちが分からず、相手との距離感を今後どうしていけばよいのか考えています。

| 配置例 layout | カードを配置してもらう |

A さん♀

B さん♀

第Ⅱ章　一対一の人間関係はこう読む

カウンセリング　Counseling　　　　　選んだカードと配置の理由を聞く

▶**Aさん［杖・クィーン］を選んだ理由**
私はどちらかというと人の世話をするのが好きです。ちょっとおせっかいなところがあるので、このカードを選びました。

▶**Bさん［剣・クイーン］を選んだ理由**
知的で、私の知らないことをいっぱい知っている印象があります。専門家として成功している印象。あこがれを持ちます。

アナライズ　Analyze　　　　　相談者に関係性を分析してもらう

▶A→B…知的で自分を持っているキャリアウーマン。なんだか忙しそうだし、近寄りがたい存在。
▶A←B…いつも元気で、明るく親切な印象。前向きで、興味を持ったことに一生懸命な人。

▶A→B…今まではSNSでしか話してないけれど、いつか会って話ができたら嬉しい。
▶A←B…いつかと言わず、来月にでも予定を立てて会いましょう。会える日を楽しみにしています。

▶X…Aさんは、キャリアウーマンで自立しているBさんに対し気後れ気味。職業の違いもあり、遠慮しがちだが、趣味や考えも一致しているようなので、お互い相手に対して関心を持ち、もっと話をしたいと思っている様子。

ポイントはこれだ！　アナライズでは、相手と何度かやり取りをするのも効果的です。しかし、一方的な思い込みを強化し、関係性をこじらせる可能性があります。その点に留意し、相談者に客観性を持たせるリードを行いましょう。

第Ⅱ章　一対一の人間関係はこう読む

ヒーリング　Healing　　相談者の気付きを誘導する

　相手との共通点と相違点を理解すると、相談者の中では、どのような形で関わればいいのか、関わり方を模索することができます。その具現化を促すためにアートワークを行います。この場合は、親しくなりたいので、親密になれるように絵を描くことを促します。

Step① アートワーク　　理想の絵を描いてもらう

　相談者は親しくなりたいと思っているので、カードを動かして二人の距離を縮めてもいいし、二人を引き合わせるものは何か、どうしたら仲良くなれるのかを描いてもらうように勧めました。

Step② アウェアネス　　表現したものを意識付ける

　相談者Aさんが二枚のカードの距離を縮めて、元の位置より少し上に置き直したのは、親しくなりたいという思いと、出会いを通して発展したいという願いを込めたそうです。自分にとって大切な思いを言葉で記したそうです。

Step③ クロージング　　全体の感想を聞き根付かせる

▶相談者Aさん
絵を描いているうちに、相手も私と同じように私と仲良くなりたいんだという気がしてきて、お互いに距離を縮めることで関係が上手くいき、幸せになれるような気がしてきました。

ポイントはこれだ！　知り合ったばかりの人や、SNSにおける出会いは、相手の情報の信ぴょう性が低いこともあります。出会いのきっかけや目的など、相談者の心情や現状を分析することで関係性の健全なあり方をつかみます。

第Ⅱ章　一対一の人間関係はこう読む

リーディング　Reading　　　　　　　　レイアウトを読み取る

　　二人の間に適度な距離があり、左右対称、上下対称の配置は、相談者のバランス感覚を物語っています。アートワーク以降は、二人の距離が縮み、円満なエネルギーを示すような太陽で囲まれました。

Check①
二枚とも［クィーン］で横並びなので社会的立場は同等。Aさんが左側なので、Bさんの方が進歩的と感じている。

Check②
二枚を囲む黄色の太陽は二人の円満さを表し、光の広がりは発展性を象徴。黄色は明るさや楽しい関係を示す。

Check③
カードの下の言葉が、基礎を示す領域⑨にあるので、発展をささえる土台となるのが「話しかける勇気」であることを示す。

第Ⅱ章　一対一の人間関係はこう読む

ポイントはこれだ！
円で囲むのは相手と何かを共有している感覚。構図上向き合う形になった二枚のカードは、より親密なイメージを与えています。活発な黄色と、赤い文字の情熱などを汲み取ってリードしましょう。

第Ⅲ章
三人の
人間関係は
こう読む

POINT 15 　両親との関わり方を変えインナーチャイルドを癒す

POINT 16 　三角関係の恋に答えを出す

POINT 17 　影響を与えた人物との出会いから人生を紐解く

三人の人間関係による、相談例を紹介します

三人の人間関係による、相談例を紹介します。
二人よりも三人の関係の方が、バランスを取るのが難しいことも多いでしょう。
しかし、「三人寄れば文殊の知恵」という言葉があるように、
三人の結束力が高まれば、二人では得られない喜びを得ることができます。
相手に対する理解とともに、三人に共通する意識や、関わり方のバランス、
自分が持っている癖や行動パターンに気付くことができるでしょう。

POINT 15
両親との関わり方を変え インナーチャイルドを癒す

　現在の親子関係を扱っていると、子ども時代の問題が出てくる場合があります。相談者が親に抱いているさまざまな感情や思いを解放するために、ていねいにカウンセリングを進めるとよいでしょう。

相談例 Consultation　　　　　　　　　　　　　　　　相談者の話を聞く

相談者Aさん（40代♀）
両親は幼い頃に離婚して今は母と二人暮らしです。私は念願の雑貨店を出したのですが、母が心配して過干渉気味です。将来的に介護も必要になってくることを考えると、母との関係と仕事のことが気がかりです。

配置例 layout　　　　　　　　　　　　　　　　　　　カードを配置してもらう

母♀　　　Aさん♀　　　父♂

第Ⅲ章　三人の人間関係はこう読む

カウンセリング　Counseling　　選んだカードと配置の理由を聞く

▶Aさん ［聖杯・プリンス］を選んだ理由
私の作品の他にも、幅広く手作りの作家さんの作品を展示販売する雑貨店を始めたので、前向きに頑張っていこうと思っています。

▶母 ［金貨・クィーン］
父と離婚後、家を守るために子育てよりも仕事に生きてきたので、引退した今、私に対してその頃できなかったことをしようと過干渉気味です。

▶父 ［杖・キング］
やりたい放題のダイナミックな人で、母を振り回していました。父は再婚したので、連絡は取っていません。

アナライズ　Analyze　　相談者に関係性を分析してもらう

Aさんから母親に言いたいことは？

母親からAさんに言いたいことは？

▶A→母…自分のことは自分でできるから、もっと私以外の世界を持って、友達を作ってほしい。
▶A←母…結婚して安定した生活をしてほしいけど、仕事に自分の人生を見つけたんだね。

Aさんから見た父親は？

父親から見たAさんは？

▶A→父…自由人で、母は振り回されて大変だったが、私は自分らしい生き方の父を嫌いではなかった。
▶A←父…全く関わりがないので心配だが、自分らしく生きているならそれでいい。

客観的に見た親子の関係性は？

▶X…**母親**は今までの分の愛情を注いで子ども扱いだが、一方で娘が自立し自分の道を進んでいることを分かっている。Aさんは母の愛情を受け取りながらも適度な距離を取り、関係は上手くいっているようだ。

ポイントはこれだ！ 子ども時代に言いたかったことと、今言いたいことを、数回行うとよいでしょう。コミュニケーションをとるように、相談者から相手に話しかけ、相手がそれに答えるという形でセッションを進めましょう。

第Ⅲ章　三人の人間関係はこう読む

ヒーリング　Healing　　　相談者の気付きを誘導する

　親子関係を見つめてわだかまりが解けると、親の愛や、親への感謝の気持ちなど、隠れていたさまざまな感情が出てきます。両親からの影響を理解し、自分の個性を確認することで、親からの恩恵を受け取って自分の人生を生きる力に変えていけるよう、誘導しましょう。

Step①　アートワーク　　　理想の絵を描いてもらう

「お父様に似ているのなら、[聖杯・プリンス]より[杖・プリンス]の方があなたらしいのではないですか？」と尋ねると、相談者は自分のカードを[杖・プリンス]に変更しました。

　離れていても父の愛や影響を受け取り、これからも母とともに生きていくことをイメージして描いてもらいました。

Step②　アウェアネス　　　表現したものを意識付ける

　相談者Aさんは、父親と離れて暮らしていますが、父の持つ気質を活かして自分の夢を実現していることに気が付きました。母との二人暮らしの中で、自分の自立する姿をきっちりと見せていこうと思ったようです。

Step③　クロージング　　　全体の感想を聞き根付かせる

▶相談者Aさん
父の我が道を行くところと、母の堅実なところが私にあり、その上で自分がやりたいことを仕事にでき、幸せだと思いました。そして、愛されていることに気付き、支えられていることを実感しました。

　親子関係を見つめることで、自分のルーツが確認できます。子ども時代に問題がある場合はインナーチャイルドを癒すことができるでしょう。親の生き方から自分の人生へのヒントと勇気を引き出します。

第Ⅲ章　三人の人間関係はこう読む

リーディング　Reading

レイアウトを読み取る

相談者は父の愛と受け継いだ能力を確認し、自身のカードを［聖杯・プリンス］から［杖・ナイト］へ変えました。両親の方が自分の位置よりも上にあることから、両親を敬う相談者の気持ちが表れています。

Check①
傾いた母との相互コミュニケーションを示す矢印と、母子の間を結ぶようにリボンが描かれていて、つながりを示している。

Check②
自分のカードは領域⑥⑨あたり。生活が定まっていて、社会的にも周囲とのバランスを取ることができる安定感を示す。

Check③
父のカードは領域②④あたり。領域②は破天荒なひらめきを示し、④は人生を発展させ拡大させていく傾向を示す。

ポイントはこれだ！
両親の生き方を尊重しながらも、母のカードは傾いています。母が消極的な性格で閉鎖的になりすぎないように、コミュニケーションを大切にしながら、積極的に関わろうとする相談者の愛が現れています。

第Ⅲ章　三人の人間関係はこう読む

POINT 16
三角関係の恋に答えを出す

　三角関係の恋をして、幸せになるのは難しいことです。どうして付き合っているのか？　本当に愛しているのか？　今の自分の気持ち、相手の気持ち、関係性を客観的に把握し、**進むべき恋なのかどうか**を見極めましょう。

相談例　Consultation　　　　　　　　　　　　　相談者の話を聞く

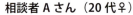

相談者Aさん（20代♀）
私とBさん（♂）は同じ会社で働いています。Cさん（♀）はもともと派遣社員でしたが、退社後にBさんと交際を始め、結婚しました。二人の結婚後に、私とBさんのお付き合いが始まりました。

配置例　layout　　　　　　　　　　　　　　　カードを配置してもらう

Aさん♀　　　Bさん♂　　　Cさん♀

第Ⅲ章　三人の人間関係はこう読む

カウンセリング　Counseling　　選んだカードと配置の理由を聞く

▶Aさん［杖・プリンセス］を選んだ理由
私はどちらかというと明るい性格です。Bさんも私のことを好きだったと思うのですが、Cさんと結婚すると聞いてから、私からBさんが離れるような気がして、好きという気持ちが強まりました。

▶Bさん［聖杯・プリンス］
彼は優しくて誰からも好かれる人気者です。ちょっと頼りないところが母性本能をくすぐるタイプです。

▶Cさん［剣・クィーン］
彼の奥さんは、しっかりした印象です。30歳前に彼に結婚を迫り、結婚することになったそうです。

アナライズ　Analyze　　相談者に関係性を分析してもらう

AさんからみたBさんは？

BさんからみたAさんは？

▶A→B …私のことを好きだと言ってくれるが、ズルい人だと思う。Cさんとは上手くいっていない話をするが、別れる覚悟はなさそう。
▶A←B …自分の理解者で、そばにいて欲しい人。一緒にいると励まされ、楽しい気持ちになる。

AさんからみたCさんは？

CさんからみたAさんは？

▶A→C …策略家。正社員にあこがれつつ、派遣期間にしっかり結婚相手を見つけるところがしたたか。
▶A←C …会社のみんなに好かれて、いつも楽しく仕事をしている人。ただ、派遣の苦労は理解していない。

客観的に見た三人の関係性は？

▶X…Bさんは、頼りないところがあるので、しっかりした奥さんを選んだように見える。AさんとBさんは恋をしているけど、長くは続かないだろう。

ポイントはこれだ！
不倫関係という困難な恋愛に対して、冷静になってもらうためにセッションを行いました。自分の気持ちを吐き出して、客観的に関係性を理解してもらうことで、どうしていけばよいかを探ります。

第Ⅲ章　三人の人間関係はこう読む

ヒーリング　Healing　　　　　相談者の気付きを誘導する

　セラピストは、不倫が良くないと説得するのではなく、倫理的に納得いかない場合でも、セッション中は相談者を認め肯定することが大切です。相談者が自らの意志で、自分の人生をどうしたいのかを考え、実行する勇気を与えるように寄り添うことが重要なのです。

Step① アートワーク　　　理想の絵を描いてもらう

「Aさんは女性としてどんな将来を望んでいますか？」「Bさんとの未来には何があるのでしょうか？」相談者自身が自分の幸せをイメージできるよう、促しました。

　相談者は、自分のカードを上の方へ移動し、軽やかに飛び越えるような曲線とその先にハートを描きました。

Step② アウェアネス　　　表現したものを意識付ける

　相談者Aさんはセッションを通じて、Bさんのいい加減さと、自分の子どもっぽさを感じたそうです。彼と別れると思うと少し寂しい気持ちになるようですが、本当の愛に向かいたい気持ちの方が強く出たようです。

Step③ クロージング　　　全体の感想を聞き根付かせる

▶相談者Aさん
夫婦ってお互いに文句を言い合っていても、どこか似た者同士だから一緒になるんでしょうね。私は、今はBさんに引っかかっているけど、彼を飛び越えて、幸せにならなきゃいけないと思いました。

　相談者の幸せはBさんとの中にはないということが絵に表れています。Aさんのカード[杖・プリンセス]は、みんなに愛される可愛い女性。今の恋を飛び越えて、本当の愛を得ることができるでしょう。

第Ⅲ章　三人の人間関係はこう読む

リーディング　Reading　　　　　　　　レイアウトを読み取る

　最初は三人のカードが横一直線に並んでいましたが、Aさんのカードがその位置から上に上がりました。二人を越えて、Aさんの心は領域⑥の示す真心を意識し、領域①に描かれた、理想的な愛の象徴であるピンク色のハートに向かって飛躍しようとしています。

Check①
分別のある領域⑤、真心の領域⑥あたりから、グレーの枠を飛び越え、領域①の幸せに向かって行こうとするAさんの心理を表している。

Check②
領域①に描かれたハートは、理想的な愛を表現している。ピンク色は優しさを意味するので、安らぎのある愛を示す。

Check③
BさんとCさんは同じグレーの枠の中にいて、Aさんが枠の外にいるのは、二人からの影響を受けたくないことを示している。

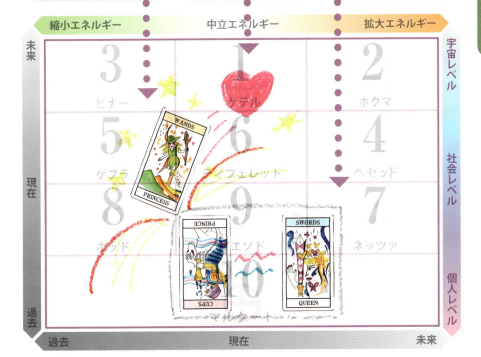

ポイントはこれだ！
Bさんのカードを正位置から逆さにすることで、彼の不誠実さを表しています。これは自分との関係が不適切な関係だと認めたことが言えます。認めること、受け入れることは、ヒーリングの一歩になります。

POINT 17
影響を与えた人物との出会いから人生を紐解く

　自分の人生に登場する人物は、何を気付かせてくれているのでしょうか？出会いから学び、**人生の傾向やテーマを紐解く**ことができます。自分の可能性や運勢の特徴を探ることができるでしょう。

相談例　Consultation　　　　　　　　　　　　　　　相談者の話を聞く

相談者 A さん（30 代♀）
20 代に知り合って 4 年付き合ってきた**元彼 B さん（♂）**と別れて、今は結婚を前提としたお付き合いをしている**彼 C さん（♂）**がいます。ですが、元彼のことを忘れることができなくて、今の彼 C さんにもなんだか申し訳なく思います。私にとって元彼はどんな人だったのでしょうか？

配置例　layout　　　　　　　　　　　　　　　　　　カードを配置してもらう

第Ⅲ章　三人の人間関係はこう読む

カウンセリング　Counseling　　　　選んだカードと配置の理由を聞く

▶A さん ［聖杯・クィーン］ を選んだ理由
私はすぐに思い悩むところがあります。元彼のことを今でも愛していますが、生活感の違いもあり、元彼との結婚は難しいので別れました。私は結婚したいので、新しい人と付き合いを始めました。

▶B さん ［杖・プリンス］
会社を立ち上げるバイタリティのある B さんは、借金もありますが、仕事に前向きで魅力的な男性です。

▶C さん ［金貨・プリンス］
まじめで誠実、社会的立場も安定しています。私のことを大切に思ってくれているのが分かります。

アナライズ　Analyze　　　　相談者に関係性を分析してもらう

 Aさん、Bさんとの出会いの学びは？
Bさん、Aさんとの出会いの学びは？

▶A→B …私にとって運命の人。私らしく生きる勇気が湧き、自分のことを好きになることができた。
▶A←B …信頼され、愛されることで、自分に自信を持つことができた。A さんとの楽しい時間は、人生の宝物。

 Aさん、Cさんとの出会いの学びは？
Cさん、Aさんとの出会いの学びは？

▶A→C …B さんには振り回されていたので、C さんの安心感に癒されます。信頼し共に歩んでいける相手。
▶A←C …元気を与えてくれる人。愛する人がそばにいてくれると自信が持て、人生に前向きになれる。

 A さんの出会いの意味は？

▶X …B さんは、A さんが、愛を学ぶために出会った相手。C さんと A さんは、お互い相手のことを敬い、愛の力がそれぞれの人生を高めているように見える。

ポイントはこれだ！　アナライズの誘導では、出会いからの学びを聞くことで、相手の存在意義を明確にすることができます。第三者 X の目線からは、自分の人生を客観的に考えることができます。

第Ⅲ章　三人の人間関係はこう読む

ヒーリング　Healing　　　　　　　　相談者の気付きを誘導する

　過去の人間関係を見つめると、当時起こったさまざまな出来事とともに、喜びや悲しみなど、抱いた感情を思い出します。それを言葉にできなくても、アートワークは感情を表現し解放するツールとなります。これからの人生をイメージしながら描いてもらうといいでしょう。

Step① アートワーク　　　理想の絵を描いてもらう

　相談者は、逆位置になった自分のカードを正位置にしました。
　何を描いたらいいか分からないようだったので、「文字を書いたり、色を塗るだけでもいいです。」と伝えると、最初は水色と黄色を塗りましたが、絵を見て「水を止めて、草原にしよう。」と、水を緑色に塗り変えました。

Step② アウェアネス　　　表現したものを意識付ける

　相談者Aさんは「人生に対して前向きになれた気がします。」と言って自分のカードの向きを正しました。自分の感情を解放し、表現し、そこから受け取り、さらに表現していくというプロセスを通して、望ましい状態が見えてきたようです。

Step③ クロージング　　　全体の感想を聞き根付かせる

　▶相談者Aさん
　春の優しい光にあふれている草原の上に彼と二人でいるイメージです。今の自分が幸せで、順調な人生を進んでいることに気が付きました。私の人生を支えてくれている全ての人々に感謝しています。

全ての出会いには意味があり、学ぶことがあります。その出会いから何を得て、何を学んだのかが明確になれば、人生で起こるどんな出会いも、その人にとっての宝物になるでしょう。

第Ⅲ章　三人の人間関係はこう読む

リーディング　Reading　　　レイアウトを読み取る

最初の水は感情を示し、描かれた草原は大地を示します。Aさんの心は感情世界に生きていたのですが、地に足を付け、現実世界を生きていく意思の現れを示します。黄色は明るさや希望を示しています。

Check①
カード位置の変化はないので関わり方は変わらない。Aさんのカードが逆位置から正位置に。見方の変化を示す。

Check②
Aさんのカードは中央の自己を示す領域⑥あたり。Aさんの心理が安定していることを示している。

Check③
地平線ラインが半分弱の面積を占め、大地の安定を示す。草原は、安定して穏やかな人生を望んでいることを表している。

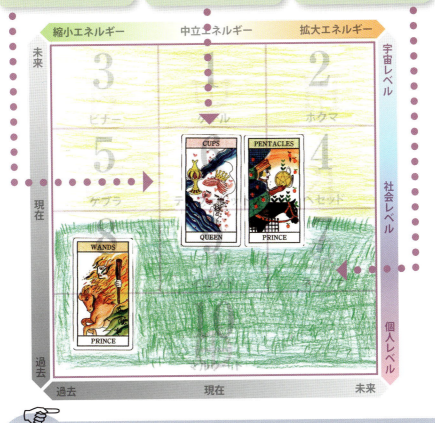

ポイントはこれだ！
レイアウトの場所は変わらず、自分のカードが逆位置から正位置へ、水から大地へと心の変容が起こっています。現実は変わらないけれど、考え方を変えると、生き方が変わることを示しています。

第Ⅲ章　三人の人間関係はこう読む

第Ⅳ章

複数の人間関係はこう読む

POINT 18　一人ひとりの愛を確認し家族の絆を強める

POINT 19　人生の鳥瞰図として親族との関わりを見つめる

POINT 20　グループをまとめるために人間関係を見つめ直す

POINT 21　グループの中での恋と人間関係のバランスを取る

複数の人間関係による、相談例を紹介します

複数のグループには力関係があり、それぞれが立場や役割を持っています。
目的や意識、相談者の役割や立場、グループにどう関わっていくのか、
または誰との関わりが大切なのかを整理して、理解していきます。
相談者がグループに何を求めているのか？
可能性や足りないもの、自分がすべきことは何かなど、
必要なものが明確になるでしょう。

POINT 18 一人ひとりの愛を確認し家族の絆を強める

家族との関係は全ての人間関係の基礎となります。家族間の問題は、一人ひとりの愛を確認することで、解決の糸口になるでしょう。また、家族の愛や家庭の安定が確認できれば、社会へ向けて挑戦する勇気が湧いてくるでしょう。

相談例 Consultation　　　　　　　　　　　　　　相談者の話を聞く

相談者Aさん（50代♀）
これから**夫**が定年になりますが、まだ**子ども**が学生でいろいろとお金がかかります。私も仕事をしているので頑張りたいのですが、夫が私の仕事に理解がなく、どうすればいいか悩んでいます。

配置例 layout　　　　　　　　　　　　　　カードを配置してもらう

Aさん♀　　夫♂　　娘♀　　息子♂

カウンセリング　Counseling　　　　選んだカードと配置の理由を聞く

▶Aさん［杖・クィーン］
私は世話好きで、楽しいことが好き。母を意味する、このカードを選びました。

▶夫［剣・キング］
夫は、子どもにも意見を言わさず、心が折れるような言い方をする人です。

▶息子［剣・プリンス］
大学生の息子は、何を考えているのか分からないのですが、最近はしっかりしてきました。

▶娘［聖杯・プリンセス］
娘は高校生で、将来の夢を持って勉強しています。女の子なので気持ちが分かります。

アナライズ　Analyze　　　　相談者に関係性を分析してもらう

Aさんから夫に思うことは？
●●●●●▶
夫からAさんに思うことは？
◀●●●●●

▶A→夫…私なりに仕事を頑張っているのだから、私の仕事を認めて欲しい。
▶A←夫…仕事に夢中になって家事がおろそかになり、子どもへの影響が心配。

Aさんから息子に思うことは？
●●●●●▶
息子からAさんに思うことは？
◀●●●●●

▶A→息子…いろいろチャレンジして、男の子らしく、しっかりしてきた。
▶A←息子…心配していろいろ言われるけど、今は学生生活を楽しみたい。

Aさんから娘に思うことは？
●●●●●▶
娘からAさんに思うことは？
◀●●●●●

▶A→娘…好奇心旺盛だけど、女の子だから羽目を外しすぎないで欲しい。
▶A←娘…お母さんは私の理解者だから、なんでも話せて楽しいし大好き。

客観的に見た
Aさんの家族は？
●●●●▶

▶X…子育てには、父親と母親の協力が大切だと思う。お互いに子どもを思い合っているのだから夫婦の対話を大切にするのがいいのではないか。

第Ⅳ章　複数の人間関係はこう読む

ポイントはこれだ！
家族に対して面と向かって話すのは照れ臭いもので、家族の問題はなおざりになりがちです。カウンセリングやアナライズを通して、あらためて子どもの成長やお互いの思いやりを確認できるでしょう。

ヒーリング　Healing　　　相談者の気付きを誘導する

相談者が言葉にしていなくても、相談者の心の中で変化が起こっています。家族の中にある問題や課題をアナライズのセッション等でつかんだら、それが明確になっていなくてもいいので、アートワークを行いましょう。表現するうちに使いたい色や、言葉が出てきたりします。

Step① アートワーク　　理想の絵を描いてもらう

「ご主人さんは厳しいことを言うので［剣・キング］でしたね。でも今は、彼なりの思いやりが見えたんですね。」と言葉をかけると、相談者は「［聖杯・キング］の方が合ってるかもしれない。そう思うと話しかけやすいです。」と話してカードを変更しました。

Step② アウェアネス　　表現したものを意識付ける

前半のセッションでは、言葉数の少ない相談者Aさんでしたが、アートワークを始めると、たくさんの言葉や絵を描き込み満足しているようでした。家族それぞれに対する信頼を確認できたようです。

Step③ クロージング　　全体の感想を聞き根付かせる

▶相談者Aさん
それぞれの愛や成長が確認できました。夫は言うことがきついし、私の仕事への理解を示してくれないことに不満を持っていたけれど、彼の父親としての優しさを確認できたので、恐れずに話をしようと思います。

社会活動と家庭生活は表裏一体です。家庭を見つめ直すことで、仕事の仕方を変えることが可能になります。家族一人ひとりの社会的な活動と家庭円満のための課題を確認するのにも役に立つでしょう。

第Ⅳ章　複数の人間関係はこう読む

リーディング　Reading　　　　　レイアウトを読み取る

　AさんはB Bさんのカードを［剣・キング］から［聖杯・キング］に変更、夫の優しさに気付きました。構図も左右対称になり、子どもに対して夫婦の関わり方が同レベルである配置になりました。

Check①
自分のカードは領域⑤あたりに置かれ、母として家族を守るために、自分の考えを構築していくことが現れている。

Check②
絵の中心、領域⑥⑨辺りに猫が描かれています。猫が家族をつなげ、バランスを取る役割があることが示されている。

Check③
個々の人物を囲む円は、それぞれの安全なパーソナルスペースを示す。それらを、家族を守る大きな円で包んでいる。

第Ⅳ章　複数の人間関係はこう読む

ポイントはこれだ！
親は社会レベルに、子どもは日常レベルに位置しています。夫婦のカードの距離は、心の距離を表していますが、ピンクや黄緑、黄色など明るい色彩を使っていて、軽やかな明るい家族を表しています。

POINT 19

人生の鳥瞰図として
親族との関わりを見つめる

　生まれ育った家庭と、今の家庭。親族関係を見つめることで、**人生の基盤が明確になる**でしょう。親戚付き合いをどうしたらいいのか、一人ひとりの思いを感じ、バランスの取り方や、関わり方の方向性を見い出せるでしょう。

相談例　Consultation　　　　　　　　　　　　　　相談者の話を聞く

相談者Aさん（50代♀）
父が高齢で（**母**他界）、相続のことを考えなければなりません。父と**姉**と**弟**とちゃんと話すことが必要なのですが、父とは長年の確執があり、なかなか話ができません。どうすればいいか手掛かりを得たいです。

配置例　layout　　　　　　　　　　　　　　　　カードを配置してもらう

第Ⅳ章　複数の人間関係はこう読む

カウンセリング　Counseling　　　　選んだカードと配置の理由を聞く

▶Aさん［金貨・クィーン］
私は母として子どもたちを守り、家を守るために、現実的な話をしたいと思っています。

▶弟［金貨・プリンス］
弟は家業を継いでいます。私とも父とも距離を置いていて、マイペースで独身。結婚はしないと思います。

▶父［剣・キング］
父は子どもたちに平等ですが、私とは合いません。母が他界して関わる機会が増えました。

▶姉［剣・クィーン］
姉は自分勝手で変わり者。家族と合わず、付き合いをしたくないから、相続分を生前贈与で受け取っています。

アナライズ　Analyze　　　　相談者に関係性を分析してもらう

 Aさんから見た父は？
 父から見たAさんは？

 Aさんから見た弟は？
 弟から見たAさんは？

 Aさんから見た姉は？
姉から見たAさんは？

Aさんから母に言いたいことは？
母からAさんに言いたいことは？

客観的に見たAさんの家族は？

▶A→父…自分が決めた通りにならないと納得しない。私のことは理解できない。
▶A←父…自分の好き勝手に生きて、何をしでかすか分からない気の強い娘。

▶A→弟…父とも私とも適当な距離を取っていて何を考えているか分からない。
▶A←弟…好きな人と結婚して離婚して、実家に帰ってきて、自由に生きてる人。

▶A→姉…お金に困ると実家を頼って、金銭的に信頼できない。家業に非協力的。
▶A←姉…父と仲が悪いのに、実家に住んで、都合よく親を利用している。

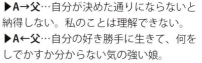

▶A→母…私は家と家族を守って行きたい。父との関わりを応援してほしい。
▶A←母…あなたなら家族を支えて家を守ることができる。大丈夫、応援してるから。

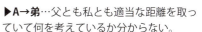

▶X…父親を中心とした家族。父に対する反発と順応。相続という現実的な問題に対し、資産を守る観点からも父親が元気なうちに話し合うことが必要。

第Ⅳ章　複数の人間関係はこう読む

ポイントはこれだ！

アナライズは、亡くなった人にも行うことができます。イメージワークではありますが、亡くなった人に語りかけメッセージをもらうと、癒されることも多く、第三者とは違う新たな視点で見ることができます。

ヒーリング　Healing　　　相談者の気付きを誘導する

　家族の問題は根が深いこともあり、一回のセッションでわだかまりが解けることは難しいでしょう。過去の問題を癒すことができなくても、今起こっている問題から逃げず、立ち向かう勇気を持ってもらうこと、相談者が今日からでもできることは何かに気付いてもらうことが大切です。

Step①　アートワーク　　　理想の絵を描いてもらう

　相談者は、「母が存命の時は、母が家族をまとめていたので。」と、自分のカード［金貨・クィーン］を母へ、母のカード［杖・クィーン］を自分へと入れ変えました。「母に代わって家を守っていかなきゃ。」とアートワークを始めました。

Step②　アウェアネス　　　表現したものを意識付ける

　相談者Aさんは、父親が抱えている不安と孤独を感じたようでした。相続という点以外でも、父親との会話を大切にしたいと感じているようでしたが、父親との関わりに対する不安までは癒されていないようです。

Step③　クロージング　　　全体の感想を聞き根付かせる

▶相談者Aさん
やっぱり話をするしかないんだなぁ。家業を継いでいる弟は独身で、家の後継ぎは、姉にも子どもはいますが、私の息子にかかってくると思うので、父や弟ともっとコミュニケーションを取るようにしたいです。

　セラピーは万能ではありません。心を癒すことも簡単ではないでしょう。今、相談者が必要なことに気が付くことで癒しの一歩が始まります。相談者が昨日より前向きになれればセッションは成功です。

第Ⅳ章　複数の人間関係はこう読む

リーディング　Reading

レイアウトを読み取る

　領域④の慈愛を示す配置にあった母とAさんのカードを入れ替えたのは、家族の中で母親の果たしていた役割を担おうという意識の表れです。そして、領域④の母の慈愛がAさんにもたらされます。父親との絆を強める気持ちが絵に現れています。

Check①
Aさんと父親は、虹色に膨らんだアーチでつながっている。さまざまな感情や思いを示し、ざまざまなアプローチの仕方を象徴。

Check②
構図の中心は息子さん。家の中心は彼だとAさんは思っていて、その息子さんをAさんと弟が育てていく配置。

Check③
領域②の発展を望むポジションに父親が配置されている。権威的ではあるが、父は家の発展を願っていると相談者は思っている。

ポイントはこれだ！　個々の家族との絆を示すようにカードとカードをつないでいます。楽しみの領域⑦の下の、形ある領域⑩に家の絵があります。未来の楽しい暮らしを目標に、家族の絆を大切にしようと思っています。

第Ⅳ章　複数の人間関係はこう読む

グループをまとめるために人間関係を見つめ直す

　組織の中には、上下関係や横のつながりがあります。一人ひとりの能力や関係性を確認することで、組織においての自分の役割や立場が明確になり、**それぞれの人物の能力を活かす組織運営**が可能になるでしょう。

相談例 Consultation　　　　　　　　　　　　　相談者の話を聞く

相談者 A さん（40 代♂）
B さんは小さな工芸会社の二代目**女社長（60 代♀）**です。二十歳近く年が離れている私が社長の右腕で、左腕が**経理の C さん**です。将来的に私が会社を背負うことを期待されているのですが、上手くまとめることができるでしょう

配置例 layout　　　　　　　　　　　　　　　　カードを配置してもらう

カウンセリング　Counseling　　　　　選んだカードと配置の理由を聞く

▶Aさん ［聖杯・プリンス］
営業と作品作りをしています。最近やっと一人前の仕事ができるようになりました。

▶社長B ［杖・キング］
創業者の一人娘。ワンマン女社長。親しみやすくて人情家、明るくて元気な人です。

▶経理C ［金貨・クィーン］
業務と経理を担当しています。Bさんと同世代で、秘書的な存在。堅実な人です。

▶創業者D ［聖杯・キング］
社長の父で創業者。社長の母とともに会社を設立した名工。現在は他界。カリスマ的な存在です。

アナライズ　Analyze　　　　　相談者に関係性を分析してもらう

Aさんから見た社長Bは？
社長Bから見たAさんは？
Aさんから経理Cは？
経理Cから見たAさんは？
Aさんから見た後輩Eは？
後輩Eから見たAさんは？
Aさんから見た創業者Dは？
創業者Dから見たAさんは？
客観的に見たこのグループは？

▶A→B …夫と死別し子どもがいないので仕事に人生を懸けた前向きな人。
▶A←B …淡々としているけれど仕事に真面目。後継者として期待している。

▶A→C …業務と社長Bを支えている。彼女のおかげで会社が体制を成している。
▶A←C …若い世代のリーダー。技術を伝え、作品を世界に広げて欲しい。

▶A→E …情熱的で営業力がある。仕事のセンスが私と似ていて、任せられる。
▶A←E …Aさんを尊敬し、Aさんのように仕事ができるようになりたい。

▶A→D …先代とはお会いしたことはないが、作品を見ると足元にも及ばない。
▶A←D …精進を続けなさい。必ず道は開ける。自分の信じる道を進みなさい。

▶X …みんな創業者Dの作品や技術を尊敬していて、心が一つにまとまっている。それぞれに迷いはあるが、志があり、仕事や会社を愛してる。

第Ⅳ章　複数の人間関係はこう読む

ポイントはこれだ！ 登場人物が多い場合、人物札の選択は性別を超えて、社会的な立場で選んでもらうといいでしょう。アナライズでは、相談者に優先順位をつけてもらい、主要な人物に搾って行ってもよいでしょう。

ヒーリング　Healing　　　　　　　　　　相談者の気付きを誘導する

アートワークでは、理想的な状態に配置し直すことで、勇気や希望が見出せます。しかし理想的な配置が現実的でないと感じたら、実現可能な状態に配置し直すケースもあります。そして、何が足りないのか、どうあるべきなのかを描いて補っていくとよいでしょう。

Step① アートワーク　　理想の絵を描いてもらう

相談者は、自分のカードを［聖杯・プリンス］から、［杖クィーン］に変え、理想的な配置にカードを置き直しましたが、「ちょっと現実的ではないような気がするので、やっぱり戻します。」と、［聖杯・プリンス］に戻し、実現可能な構図に配置し直して、手の届く理想の状態を描き始めました。

Step② アウェアネス　　表現したものを意識付ける

最初、社長Bを囲むように赤い太陽を描き、その後、水平線に映る太陽で自分を囲みました。相談者Aさんは、会社の中でリーダーでいられるのは、育ててくれた社長のおかげだと感謝されていました。

Step③ クロージング　　全体の感想を聞き根付かせる

▶相談者Aさん
組織において、今の自分がすべきこととできることのギャップを感じました。しかし、自分は自分でしかないので、自分のペースで仕事を頑張ろうと思いました。これからも精進していきたいです。

複数の人数のアナライズを行うと、皆にエールをもらうようなワークとなります。組織の一員として、自分が必要だということが明確になると、これからの在り方もはっきりすることでしょう。

リーディング　Reading

レイアウトを読み取る

　最初とカードの配置は大きく変わりませんが、途中でカードの差し替えを行いました。そのような変化も心理的に意味があります。占星術で太陽に関連する領域⑥のBさんのカードは、さらに描かれた太陽の中で輝き、カリスマ性が強調され、Bさんはその影響下にあると言えます。

Check①
数枚を今の最初の地位より高い地位のカードに置き換えて、また元に戻した。それぞれの人物の成長を期待している。

Check①
カードはいろいろな方向を向きつつも、縦軸の中心ラインに集まろうとしている。皆の意識をまとめようというAさんの思いが表れている。

Check①
日常レベルの⑦⑧⑨にカードが集中し、日常業務をこなすことを示す。水は感情を表す。仕事が感情的な影響を受けていることを示す。

第Ⅳ章　複数の人間関係はこう読む

ポイントはこれだ！
社長Bの位置にある太陽が水面に反射し、その中にAさんのカードがあるので、Bさんの恩恵を受けていることを示します。創業者Dあたりから薄明光線を表現し、Dさんの導きを信じるAさんがいます。

POINT 21

グループの中での恋と
人間関係のバランスを取る

　グループの中での恋愛や社内恋愛は、他の人との関係を保ちながら進めなければなりません。グループの中で恋愛感情を出すと、雰囲気や関係性が壊れることもあります。**人間関係のバランスの取り方**を探りましょう。

相談例　Consultation　　　　　　　　　　　　　　　相談者の話を聞く

相談者 A さん（20 代♀）
サークルのグループ内に好きな人 **B 君♂** がいて、親密になりつつあります。他のメンバーとも仲良くしていて、友好関係を壊さずに彼との恋を進めるには、グループ内でどう関わればいいかと悩んでいます。

配置例　layout　　　　　　　　　　　　　　　　　カードを配置してもらう

第Ⅳ章　複数の人間関係はこう読む

カウンセリング　Counseling

選んだカードと配置の理由を聞く

▶Aさん［剣・プリンセス］
私は好奇心旺盛なタイプで、男女ともたくさんの友達がいますが人に気を遣いすぎます。

▶B君［聖杯・プリンス］
D君の親友でイケメン。優しくて女子に人気。最近二人で会うようになりました。

▶Cさん［聖杯・プリンセス］
親しくしている友達。引っ込み思案で、可愛くて、男子受けの良い子です。

▶D君［杖・プリンス］
昔からの友達で、サークルのリーダー的存在。グループのことを一番考えています。

▶Eさん［杖・プリンセス］
親友だったのですが、彼女もB君を好きみたいで、どう関わっていいか分かりません。

アナライズ　Analyze

相談者に関係性を分析してもらう

Aさんから見たB君は？
B君から見たAさんは？

Aさんから見たEさんは？
Eさんから見たAさんは？

Aさんから見たD君は？
D君から見たAさんは？

客観的に見たこのグループは？

客観的に見たAさんは？

▶A→B …かっこよくて優しくて、一緒にいると安心できる楽しい人。

▶A←B …よくしゃべる楽しい人。これからも二人で遊びに行きたい。

▶A→E …私がB君と二人で会っていることがバレると仲が悪くなりそう。

▶A←E …気が合う友達。これからも仲良く勉強したり遊びに行きたい。

▶A→D …昔からの友達で信頼できる人。私に対する好感を持っている様子。

▶A←D …気になるけど、恋人より友達のままの方がいいんだろうなと思う。

▶X …恋愛感情と友情とライバル心が入り混じり、何かのきっかけでまとまりを失うかもしれない。でも、それはそうなった時に考えればいいのでは。

▶X→A …八方美人になり過ぎている。B君を好きなら、きちんとお付き合いをして、グループに交際を理解してもらう努力をするべき。

第Ⅳ章　複数の人間関係はこう読む

ポイントはこれだ！　相手への感情移入や思い込みが強すぎるとアナライズは上手くいかないことがあります。そんな時は第三者Xのポジションで、一人ひとりを分析し、関係性を客観的に見つめるのも方法です。

75

ヒーリング　Healing　　　相談者の気付きを誘導する

相談者が自分の考えていることへの理解や協力を求めるなら、グループにどう関わればいいかを一緒に考えます。相談者にとって、誰との関りを大切にすべきかを考えてもらいながら、アートセラピーを行います。グループへの関わり方や人間関係の築き方に気付くことがあるでしょう。

Step①　アートワーク　　理想の絵を描いてもらう

「このグループがどうあるのが理想的ですか？」と問いかけると、相談者はカードの配置を変えました。どう関わっていけばいいか、迷いや不安があるようでしたので、「これはアートなので、好きに動かせばいいのですよ」と促しました。

Step②　アウェアネス　　表現したものを意識付ける

第三者Xの視点で、グループに交際を認めてもらう考えを導き出しましたが、相談者Aさんは不安を感じているようでした。B君やメンバーの気持ちを推し量り、B君に対する思いを大切にしようと感じたようです。

Step③　クロージング　　全体の感想を聞き根付かせる

▶相談者Aさん
B君がグループや私に対してどう思っているのか、きちっと向き合ってみようと思います。上手くいくか分からないけれど、もし付き合うことになれば、みんなに交際を認めてもらえるように頑張ります。

進めば関係が壊れたり、誰かと別れることになるという状況は、誰にでも起こりうること。そんな時、本当に大切にしたいものは何か、自分自身の本音と向き合い、覚悟を決めることで道が開かれます。

第Ⅳ章　複数の人間関係はこう読む

リーディング　Reading

レイアウトを読み取る

　B君のカードが、Aさんと同じレベルに並び変わり、中心領域⑥付近に位置しています。真心を示す領域⑥は、交際を隠さないで、誠実にグループに関わっていこうという気持ちを表しています。

Check①
AさんとB君の間は少し距離がある。二人の微妙な関係を表しており、その間を愛情を示すピンク色でつないでいる。

Check②
構図全体が左右対称で、最初より安定感のある図になっている。グループのバランスと安定を願う相談者の気持ちの表れ。

Check③
全体を包む黄色は明るい気持ちや幸せを示している。一人ひとりを結ぶ色が違うのは、関わり方の違いを表している。

第Ⅳ章　複数の人間関係はこう読む

ポイントはこれだ！
中央に配置されたAさんとB君のカード。相談者にとって、このグループの中心は自分とB君の関わり方にあります。二人の関係を安定させることが、グループの関わり方を決めることだと思っています。

第Ⅴ章
人物札から見える関係性の心理を深く知る

POINT 22　杖（ワンド）のキング
POINT 23　杖（ワンド）のクィーン
POINT 24　杖（ワンド）のプリンス
POINT 25　杖（ワンド）のプリンセス
POINT 26　聖杯（カップ）のキング
POINT 27　聖杯（カップ）のクィーン
POINT 28　聖杯（カップ）のプリンス
POINT 29　聖杯（カップ）のプリンセス
POINT 30　剣（ソード）のキング
POINT 31　剣（ソード）のクィーン
POINT 32　剣（ソード）のプリンス
POINT 33　剣（ソード）のプリンセス
POINT 34　金貨（ペンタクルス）のキング
POINT 35　金貨（ペンタクルス）のクィーン
POINT 36　金貨（ペンタクルス）のプリンス
POINT 37　金貨（ペンタクルス）のプリンセス

相談者が登場人物のコマとして選ぶタロットカードの人物札

各人物札の詳しい意味と、相談者がその人物をどのように説明し
配置するかで見えてくる、その人物への心理を解説します。
あくまでも相談者が話す自己分析を優先し、
登場人物の関係性を理解するための参考にすることが大切です。
相談者が選んだ自分を示すカードのワンポイントメッセージを、
セッションの最後にアドバイスしてもよいでしょう。
第Ⅰ章の内容だけでもセッションは可能です。
またこの章の解説は、人物札の考察を深めるとともに、
第Ⅶ章でタロット占いを行う時のリーディングとしても使用できます。

タロットカードの人物札は16種類の人物の個性を象徴しています

スート	杖	聖杯	剣	金貨
気質	活力・情熱・直感	感情・受容性・情緒	知性・社会性・創造	継続・安定・形式
エレメント	火	水	風	地
トランプでは	♣	♥	♠	♦
地位の人格 キング	影響力のある権威者、支配者、父親的存在。社会地位の高い男性。			
地位の人格 クィーン	受容的で思慮深い女性。母親的存在。No2。キングを守る存在。			
地位の人格 プリンス	アクティブで活動的な存在。若い男性。行動力や実行力がある。			
地位の人格 プリンセス	純粋な子どもや無邪気な女性。守られ愛される非力な存在。			

　タロットカードの人物札16枚は、生命の木の四世界に対応する四種類のスート、杖・聖杯・剣・金貨と、四種類の地位、[キング][クィーン][プリンス（ナイト）][プリンセス（ペイジ）]に分けられます。上の表のように、スートの気質と地位の人格が交わったところが、各人物の個性になります。この章のキーワードは、占いでも使用できるように表現しています。
　本書では、人間関係においてインスピレーションを得やすいように、人物札の個性に合わせたオリジナルイラストを使用しています。

※本文の用語解説
・ポジティブ（正）…その人物をポジティブに捉えているか正位置に置く、または占いで逆位置に出た場合。
・ネガティブ（逆）…その人物をネガティブに捉えているか逆位置に置く、または占いで正位置に出た場合。

POINT 22

人物札から見える関係性の心理を深く知る

杖（ワンド）のキング

- 杖（火）＝活動・情熱・直感
- キング＝責任・自信・誇り

正位置 × 逆位置キーワード

正	
父親	カリスマ的
実業家	誇りを持つ

逆	
ワンマン社長	自己顕示欲
封建的	高慢な誇り

頼もしい父性的なリーダー、カリスマ的な存在

物事を始め、それを成し遂げ、大成した人物を象徴します。この人物の持つ情熱やエネルギー、偉業やスピリットは、人々を魅了します。その業界の第一人者であったり、カリスマ的な存在です。正義感の強いヒーロー。ユーモアや温かみのある父性的なボス。創始者。監督。偉大なアスリート。

ポジティブ 正　情熱と強い精神力が人の心を引き付ける魅力的な存在。明るくて元気で前向きで、人々にエネルギーや勇気を与えてくれる存在。父性的な大きな愛と責任感を持っている。自信や誇りに満ちて安定している。

ネガティブ 逆　自分の力が衰えていても、権威に執着し、存在感を誇示しようとする。欲望を満たすために支配的態度をとる。いつも自分は正しく他者が悪いと思っている。この人物を正す人はいない。自己顕示欲や虚栄心が強い。

ワンポイントメッセージ　誰もが憧れる、魅力的なリーダーです。存在そのものが人に影響を与え、関わる人に勇気とやる気を起こさせます。頼りがいがあるボスとして慕われる存在。人々にエネルギーを与えるでしょう。

第Ⅴ章

POINT 23

杖（ワンド）の クイーン

- 杖（火）＝活動・情熱・直感
- クィーン＝受容的・女性性

正位置 × 逆位置キーワード

正	
母親	魅力的な女性
生活の充実	親切

逆	
女王気取り	過干渉
責任転嫁	魅力がない

人物札から見える関係性の心理を深く知る

第Ⅴ章

明るく楽しく魅力的で、母性豊かな女性

　杖のクィーンは一般的に既婚女性を表し、子育て経験のある女性を示します。世話好きで温かい人柄。自分の魅力をアピールするのが上手く、個性や才能を発揮することができる女性。物事や人間関係に対して、積極的に関わり、影響力を発揮します。お洒落好き。女社長。チャーミングな女性。母親。

母性豊かな女性で、誰からも慕われる明るく面倒見の良い人物。女性的な包容力で受け入れ、叱ることも励まし勇気づけることもできる、姉御肌で母親的な存在。自分の個性や魅力を表現し人を引き付ける女性。

虎の威を借りる狐。自分は努力をせず人に指図し、支配的な態度をとる。人間関係において自分が一番魅力的で、皆が自分を慕っていると思い込む。特別な存在であろうとする、女王様気質。お節介。怠惰。自分本位。

明るく元気にふるまうことで、周りの人に安心感を与えます。笑顔や魅力が人の心を引き付けます。母性的な愛情表現で人に安らぎと活力を与えます。自分の才能を発揮することで成功するでしょう。

POINT
24

人物札から見える関係性の心理を深く知る

杖（ワンド）のプリンス

杖（火）＝活動・情熱・直感

プリンス＝行動力・状況判断

正位置 × 逆位置キーワード

正	
飛躍する	交渉
移動	伊達

逆	
短気	威嚇する
ひるむ	衝動的

情熱的で活動的、行動力のある青年

　プリンスは若い男性を象徴し、杖は情熱や活力を示します。杖のプリンスは**若い男性の活動的で情熱的な姿**を象徴し、どんなことにも挑戦していく情熱と勢いを示しています。彼の心は意欲と熱意に満ちています。行動力のある若い男性。営業マン。アスリート。ダンディズム。

 自分の才能や可能性を知るために、新たなチャレンジをする情熱と行動力を持っています。正義のヒーロー的な存在で遊び心があり、情熱的で人生を楽しむ才能があります。人生に対して意欲的で勢いがあります。

 他者に対しての影響力を見せつけたい、他者に自分の能力を認めさせたいという思いが強く、手段を選びません。失敗や犠牲を顧みず自分の欲求を満たそうとします。暴力的で攻撃的な若い男性のエネルギー。

 大きなハードルや敵に対して、恐れず立ち向かう勇気と強い情熱を持っています。体験を通して学ぶ強さを持っています。前進すること、挑戦することで、新しいチャンスをつかむことができるでしょう。

第Ⅴ章

POINT 25

杖（ワンド）の プリンセス

| 杖（火）＝活動・情熱・直感 |
| プリンセス＝純粋・従順・学生 |

正位置 × 逆位置キーワード

正	メッセンジャー	活発な子
	素直さ	人気者

逆	衝動的発想	目立ちたがり
	反抗的な子	未熟

人物札から見える関係性の心理を深く知る

第Ⅴ章

正直で明るく元気な女の子。健康的でアイドル的な存在。

　プリンセスは、若い女性や未婚の女性、または子どもを象徴します。杖は明るさや元気を示し、杖のプリンセスは、活発な若い人物を象徴します。若い女性の持つ魅力や、自分の持っている才能を表現できる人物です。子どものような従順さを持っています。純粋無垢な子ども。人気者。楽観的。

ポジティブ 正
物事に対して好奇心が旺盛で、いろいろなことを経験してみたいと思っている、明るくて素直な子ども。親しみを持たれ、可愛がられます。人気運がありアイドル的な存在。明るく元気で活動的な若い女性。

ネガティブ 逆
衝動的に振る舞い、それが他者にどんな影響を与えるかを考えずに行動します。わがままで浅はか。注目されるために、派手になったり、悪い素行を取ったりします。寂しがり屋。子どもじみた考え。

ワンポイント メッセージ
未経験のことに積極的に挑戦しましょう。新たな気付きが人生をもっと面白いものにするでしょう。自分の欲求に正直になることで運が開けます。明るく前向きな姿勢が、周りの人に夢と希望を与えます。

POINT 26

人物札から見える関係性の心理を深く知る

聖杯（カップ）のキング

聖杯（水）＝感情・受容性

キング＝責任・自信・誇り

正位置×逆位置キーワード

正	
寛大さ	師匠
豊かな情緒	芸術的感性

逆	
不正	偽善
感情の暴走	自信喪失

イマジネーションの源、大きな愛を与える師

　聖杯は情緒、感性、受容力を示します。キングは、安定し成熟した大人の男性を示します。聖杯のキングは、人々を受容する大きな器の持ち主で、愛情やインスピレーションを与えます。豊かな想像力で人の心を理解し、愛情が溢れ出しています。教師。家元。芸術家。霊的指導者。

ポジティブ（正）　豊かな感受性と想像力の持ち主。いるだけで、癒しと安らぎを人に与えます。思いやりや優しさが溢れていて、その愛が万物を育みます。豊かな感性の表現は、芸術的表現となり、人に感動を与えます。

ネガティブ（逆）　感覚の世界や感性の世界に溺れ、現実を受け入れられず、周りの人と距離を置きます。自分の好きなものや耽美な世界に陶酔します。現実逃避。感情的な偏りをもって物事を受け入れます。依怙贔屓。

ワンポイントメッセージ　思想の違いや言語の違いがあっても、人々は愛し合うことができます。想像力は、思いやりの種でもありますし、芸術的な表現の種にもなります。理想を表現することで、人々の心を潤していきます。

第Ⅴ章

POINT 27

聖杯（カップ）の クィーン

- 聖杯（水）＝感情・受容性
- クィーン＝受容的・女性性

正位置 × 逆位置キーワード

正	未婚の女性	強い感受性
	思いやり	内向性
逆	排他的	繊細すぎる
	閉鎖的	依存的

人物札から見える関係性の心理を深く知る

第Ⅴ章

感受性が強く、受容的で愛情深い、美しい女性。

　聖杯の気質は感受性と受容力。クィーンの人格も女性的な受容を示し、受容性が高い人物を象徴しますが、閉じたカップは簡単に物事を受け入れないし、受け入れたものを守り続けるという処女性を象徴しています。**女性的できめ細やかな心配りができる人物**。未婚の女性。看護師。ホステス。一途な女性。

受容力や想像力が豊かで、思いやりがあり、愛情豊かな人物です。受容した情報が心の中で発展され、イメージが構築されていきます。いろいろなことを想像する力があり、配慮や思慮深さがあります。内向的な女性。

内向的で客観的な判断ができず、自分の価値観の中で物事を解釈します。傷つきやすくネガティブな思い込みにとらわれ、感情的に引きずります。他者や外界との接触を避け、人に心を開くことができません。被害妄想。

相手の気持ちに気付くことで思いやりのある行動がとれるでしょう。感受性が豊かなので、周りの愛にも気付くことができます。受け取った愛を表現することで、世界中が愛で潤っていくでしょう。

POINT
28

人物札から見える関係性の心理を深く知る

聖杯（カップ）のプリンス

- 聖杯（水）＝感情・受容性
- プリンス＝行動力・状況判断

正位置×逆位置キーワード

正
- 誠実さ
- 紳士的
- 接近する
- 美男

逆
- 多情
- 誘惑
- 下心
- 不道徳

他者を思いやり、愛情を積極的に表現する優しい若者

　プリンスは、社会に対して働きかける実行力を象徴しています。聖杯のプリンスは、愛や思いやりを持って進んでいくことを示しています。思いやる力が、心と心をつなげます。表現することで他者と自分を癒します。アーティスト。医療福祉従事者。ホスト。センスが良く美しい男性。

ポジティブ 正 ▶ 自分の思いや愛情を、言葉や態度で示すことのできる、優しく思いやりのある男性です。相手の気持ちを受容しつつも、自分の考えを言える人です。自分の感性を芸術的に表現することができます。

ネガティブ 逆 ▶ 理想の実現のための努力をせず、夢や理想に浸っています。非現実的な考えや、非社会的な妄想にとらわれやすく、快楽を求め耽溺します。被害妄想的な考えから行動し、感情のコントロールができません。

ワンポイントメッセージ 　誰もが愛されたいと思っています。誰かもが思いやりのある行動を求めています。自分の中にある愛を表現しましょう。その表現は自分の心を癒し、相手の心を癒します。愛し愛される関係を築けるでしょう。

第Ⅴ章

POINT 29

聖杯（カップ）のプリンセス

- 聖杯（水）＝感情・受容性
- プリンセス＝純粋・従順・学生

正位置×逆位置キーワード

正
- 美しい子
- 発想
- 提案
- 想像力豊か

逆
- 妄想
- 虚言
- 多感すぎる
- 優柔不断

人物札から見える関係性の心理を深く知る

子どものような空想力を持ち、夢と感性の世界を生きる

　全ての子どもが想像の世界を生きています。子どもは未熟でありながらも大人と同じ感情を持っています。プリンセスは、守るべき純粋な存在であり、聖杯のプリンセスは愛すべき空想的な子どもです。世界に対する夢と希望を持っています。正直で素直な感情表現をします。恋を夢見る少女。美少女。

ポジティブ 正 　起こっている出来事を受容し、想像や空想を働かせます。それにより活発な情緒活動が生まれ、育まれます。想像を分かち合うことで、世界が楽しくなります。感情を表現することで癒され、愛し愛され、人を幸せにします。

ネガティブ 逆 　衝撃的な出来事に対するショックから傷つきます。現実を受け入れることができず、空想世界に逃げ込みます。片思いの恋をし続けることや、現実逃避的な行動を取ります。嘘か事実かが分からなくなります。

ワンポイントメッセージ 　正直な気持ちや純粋な愛情表現は、人の心を癒します。相手がそれを素直に受け取るかどうかは相手の問題です。感じていることに正直でありましょう。感情を表現することで、創造的な表現ができるでしょう。

第Ⅴ章

POINT 30

剣（ソード）のキング

- 剣（風）＝理性・社会性
- キング＝責任・自信・誇り

正位置 × 逆位置キーワード

正：裁判官 / 創造的思考 / 理性的 / 鋭い判断力

逆：独裁者 / 独善的 / 無慈悲 / 残酷な判断

人物札から見える関係性の心理を深く知る

第Ⅴ章

物事の秩序を守り、社会に貢献する責任と権威と持つ

　キングの持つ剣は、法律やモラル、判断や知恵を象徴します。剣のキングなので、**社会の秩序を守る責任と権威**を意味します。公平平等であるための規範となります。ソードは人工の象徴でもあるので、高度な技術を持つ人物を表します。スーパードクター。裁判官。弁護士。高級官僚。

ポジティブ 正　経験に基づき物事を冷静に客観的に判断することができる知性のある人物です。決定したことを指示し、実行させることができる権威ある人物。誰もが理解できるよう、論理的に表現することができます。

ネガティブ 逆　独善的な正義感の持ち主。知識や技術が不足しているか、持っている知識や技術が古いために時代に合っていない。厳格過ぎて人がついてこない。知的ですが、利己的な合理主義で、サイコパス的です。無慈悲。

ワンポイントメッセージ　高い理想に向かい、社会貢献する能力と力を持っています。冷静で堅実な判断ができ、判断したことに責任を持つことで、人の支持を得るでしょう。高度な技術と知恵で社会に貢献できるでしょう。

POINT
31

剣（ソード）のクイーン

剣（風）＝理性・社会性
クィーン＝受容的・女性性

正位置×逆位置キーワード

正
- 社交性
- キャリアウーマン
- 理解力
- 知的な女性

逆
- 女性の悲哀
- 了見の狭さ
- 離婚女性
- 偏見

人物札から見える関係性の心理を深く知る

クールビューティーなキャリアウーマン

　知的で社交的、持っている魅力を社会のために活用している女性を表します。剣のクィーンは**伝統的に女性の悲しみや未亡人**を象徴しますので、離婚歴のあるシングル女性も剣のクィーンで表されます。キャリアウーマンや、才知豊かな女性。知的で自立した女性。社会的立場を確立した女性を象徴。

ポジティブ 正 ▶ 社交的に人と関わることができます。人々に手を差し伸べる愛情と、物事を冷静に判断することができる知性を併せ持つ、大人の女性です。女性的な受容力と受け入れた物事を分析する力を持っています。才色兼備。

ネガティブ 逆 ▶ 自分自身で判断ができず、誰かれ無しに人の意見を取り入れ、関わる人によって意見が変わります。感情と理性のバランスが取れず、混乱しています。寂しさや悲しみが心を満たしています。社会的評価に左右されます。

ワンポイントメッセージ ▶ 偏見なく人と関わることができる知性と社交性があります。冷静に客観的に物事を理解する力があり、他者の意見を聞くこともできるし、自分の意見を伝えることもできる、愛と信念のある女性です。

第Ⅴ章

89

POINT 32

剣（ソード）のプリンス

- 剣（風）＝理性・社会性
- プリンス＝行動力・状況判断

正位置 × 逆位置キーワード

正
- 任務遂行
- 挑戦
- 勇敢さ
- 使命感

逆
- 強引さ
- 無謀な挑戦
- 少ない勝算
- 間違った信念

人物札から見える関係性の心理を深く知る

第Ⅴ章

理想社会のために、知識や能力を活用する企業戦士

　剣は意志の象徴でもあります。**自分の志を貫く意志の強さ**を持った若者を象徴します。自らの持つ知識や技術を社会貢献のために使います。最先端の技術を駆使し、新しい挑戦を行います。使命を成し遂げるため、危険やリスクがあっても挑戦します。IT関係の分野で活動。公務員。技術者。

ポジティブ（正）　社会や周りの人を幸せにするために、知識や技術を習得し、さらにその技術を発展させ、試行します。強い信念を持ち、障害やリスクを乗り越える知恵や技術を駆使します。強い使命感を持っています。

ネガティブ（逆）　物事を冷静に判断する能力が欠けています。理想ばかりが先行し、現実的な知識や技術が伴っていません。間違った倫理観で、社会に対して攻撃的な行動をとります。人の意見を聞かず、暴走します。

ワンポイントメッセージ　すでに持っている知識や技術を使うことで、人間関係が良くなっていきます。自分の才能を信じて挑戦することで、世界はもっと開けるでしょう。物事を成し遂げる意志の強さを持っています。

POINT 33

剣（ソード）のプリンセス

- 剣（風）＝理性・社会性
- プリンセス＝純粋・従順・学生

正位置×逆位置キーワード

正
- 練習
- 利口な子ども
- 情報の選別
- 鍛える

逆
- 疑心暗鬼
- 反抗的な子
- 軽率
- 姑息な手段

人物札から見える関係性の心理を深く知る

第Ⅴ章

経験することによって、たくさんの情報を得、知性を育む

　剣は情報を象徴します。プリンセスは、従順さと受容する能力を示し、まだ経験の少ない人物を示します。ソードのプリンセスはいろいろな情報を得て、知性を育むことを意味します。自立して社会に進出したいと思っている少女。分からないことを知りたいという欲求に正直な子ども。好奇心や向学心。

ポジティブ 正　社会的な判断力が未熟であることを知っています。そのため経験によって情報を集め、得た情報を理解しようとします。物事に対して論理的に考えます。自分の考えや意志を周りの人に伝えようと努力します。

ネガティブ 逆　世の中には自分の知らないこと、分からないことが多いので怖れをなして引っ込み思案になっています。猜疑心が強く人や物事を信頼できません。些細なことが気になって不安になります。理解力が不足しています。

ワンポイントメッセージ　未経験のことや知らないことに対して、知りたいと思う知的好奇心を持ちましょう。失敗を恐れないで、経験あるのみです。自らの経験は武器となります。少しずつ世界を切り開いていきましょう。

POINT 34

人物札から見える関係性の心理を深く知る

第Ⅴ章

金貨（ペンタクルス）の キング

- 金貨（地）＝物質・継続
- キング＝責任・自信・誇り

正位置 × 逆位置キーワード

正	
物質的充実	信頼
富の所有	結果を出す力

逆	
金権主義	物質的執着
強情	沽券が下がる

経済力で社会に物質的な豊かさと安定をもたらす

　金貨はお金を象徴しています。金貨のキングは、富の所有を象徴します。物質的な利益を上げるためのたくさんの経験を持っています。物質的な豊かさが、心を豊かにし、社会を安定させることを知っています。経済力があり、資産を維持します。投資家。大富豪。経営者。政治家。

ポジティブ（正） 夢の実現のために、現実的な問題に取り組み、努力や忍耐を惜しみません。利益を上げるため、現実を直視し、状況把握し、需要を理解し供給します。利益を上げるためのシステムを構築し、資産を増やします。

ネガティブ（逆） 財力や富の所有が人生の目的となり、物質的な利益を追求しすぎて、人生がお金に支配されます。物に対する執着心が強いのですが、物を得ても、心は満たされません。いつも欲求不満で、不足を感じています。

ワンポイントメッセージ 物質的に安定しているので、現実的で実際的な状況把握ができ、必要なところに必要なものを与えられる人です。具体的に何が役に立つかを考え、自分の利益と他者の利益を知り、与えることができます。

POINT 35

金貨（ペンタクルス）のクイーン

- 金貨（地）＝物質・継続
- クィーン＝受容的・女性性

正位置 × 逆位置キーワード

正：妊婦／安らぎ／自然派／堅実さ
逆：猜疑心／保身／閉鎖的な思考／世間知らず

人物札から見える関係性の心理を深く知る

第Ⅴ章

保守的な考えを持ち、心と体に安らぎと心地よさをもたらします

　金貨のクィーンは、穀物を生み出す母なる大地の力を持つ女性として、物質界に繁栄をもたらします。彼女は妊娠している女性の象徴です。内向的で保守的ですが、真善美－真理の追究、倫理上の善、愛ゆえの美や命の本質を知っています。専業主婦。不労所得。ナチュラリスト。

ポジティブ 正　経済的な安定と富を所有します。保守的で穏やかな性格で、周りの人を支える縁の下の力持ち的な存在。経済的状況を把握し、投資したり、節約したり、お金の管理やコントロールができ、蓄財能力があります。

ネガティブ 逆　生活の安定と、自分や家族の保身のためにのみ働きます。古い価値観の中で生きている保守的な性格で、人の気持ちが分からず、社会が見えていません。人やお金が自分から離れていくことを恐れ、阻止します。

ワンポイントメッセージ　控えめで上品な振る舞いと、思慮深さが、心と体に安らぎを与えます。普段の暮らしの中に喜びを感じ、自然の生命エネルギーを受け取り、自分らしく自然体で生きることの、美しさと強さを教えます。

POINT 36

金貨（ペンタクルス）のプリンス

| 金貨（地）＝物質・継続 |
| プリンス＝行動力・状況判断 |

正位置×逆位置キーワード

正
- 資産運用
- 堅実な判断
- 現状維持
- 実利優先

逆
- 鈍重
- 停滞
- 消極的
- 鈍感

人物札から見える関係性の心理を深く知る

第Ⅴ章

堅実で安定した行動と努力で、成功をつかむ

　金貨は現実や安定、物質的なことを示し、プリンスは行動力を示します。金貨のプリンスは現実を把握し、安全で確実に目的を達成する行動を選択します。確実に利益を得るために、粘り強く日々の努力を継続し、実力を高めます。製造業。事務職。経理、会計士。金融業。

ポジティブ 正　現状把握を行い、行動します。堅実な選択を行い、リスクを回避します。現場に立ち、具体的に何が必要か、実際的な判断をします。夢を実現するための努力を継続でき、忍耐強さを持っています。

ネガティブ 逆　一つの物事に執着して、他のものに対する興味が湧きません。過去の成功や失敗にとらわれ、新しいことに挑戦することを避けています。大金を手にすれば、全てが手に入ると思っています。オタク。

ワンポイントメッセージ　未来に夢を見るのではなく、過去の栄光に浸るのではなく、今の自分が得ることのできるものを得るために最大限の努力をします。堅実で実際的な判断力を持ち、物事を遂行する力を持っています。

POINT 37

金貨（ペンタクルス）の プリンセス

| 金貨（地）＝物質・継続 |
| プリンセス＝純粋・従順・学生 |

正位置 × 逆位置キーワード

正
- 憧れ
- 向上心
- 継続する
- 真面目さ

逆
- 現金な態度
- 準備不足
- 怠慢
- 非現実的考え

人物札から見える関係性の心理を深く知る

理想や夢を追いかけ、努力する、けなげな子ども

　金貨は現実を象徴します。プリンセスは力のない子どもや弱い女の子。金貨のプリンセスは、夢の実現はまだ先かもしれませんが、自分の夢を実現しようと、コツコツとレッスンしたり、勉強したり、努力を続けたりする人物を象徴します。見て、聞いて、触って、体験しながら学ぶ姿勢。深窓の令嬢。

第Ⅴ章

ポジティブ 正 ▶ 体験がないからこそ、偏見なしに物事をあるがままに見ることができます。起こっているいろいろな出来事に好奇心や夢を持ち、少しずつ体験しながら、成長していきます。物や思い出を大切にします。

ネガティブ 逆 ▶ 夢や理想を掲げても、実際的な努力が伴っていません。楽して儲けようと考えて、怠惰な生活を続けます。自分のテリトリーの中での平和と安定した暮らしを望みます。偏った食生活と運動不足。責任を持たない。

ワンポイントメッセージ ▶ 夢を実現する力があると、自分の可能性を信じて努力しましょう。努力を続ければ、チャンスは必ず訪れます。ひたむきな姿が周りの人の心を動かします。夢は叶います。努力は必ず報われます。

第Ⅵ章

心理マップの領域が示す深層心理を深く知る

POINT 38	秘教カバラは現代に生きる古代の叡智
POINT 39	生命の木は神へつながる心の地図
POINT 40	生命の木を心理マップに落とし込む
POINT 41	領域①はエネルギーの流出
POINT 42	領域②はインスピレーション
POINT 43	領域③は智恵を受容し理解する
POINT 44	領域④は慈愛のエネルギー
POINT 45	領域⑤は厳粛な判断
POINT 46	領域⑥は調和の取れた美しさ
POINT 47	領域⑦は求め続ける熱意と欲求
POINT 48	領域⑧は日常的な判断や反応
POINT 49	領域⑨は日常の思考・行動・活動
POINT 50	領域⑩は神のエネルギーの顕現

生命の木の機能を四角い枠に落とし込んだ心理マップで
人間関係における私たちの心理活動を理解します

生命の木がモチーフになった心理マップの、詳しい読み方を解説します。
白い紙に表現された相談者の心の絵図を、
心理マップの領域に対応させ、深層心理を読み取ります。
全体の傾向を表す上下左右の軸で特徴をつかみ、それと関連づけながら、
①〜⑩のどの領域にカードが置かれたかで分かる相談者の心理を把握します。
あくまで相談者が話す自己分析を優先し、
気付きを促す助言にとどめることが大切です。
第1章の内容だけでもセッションは可能です。

POINT 38
秘教カバラは現代に生きる古代の叡智

　カバラとは、ユダヤ教の秘教「神と繋がる経験を持たせる教え」のことです。直訳すると「受け取る」、カバラは口伝により伝えられるので、神を知る経験を通じて得た知識を伝えることを意味します。カバラの教えの象徴である生命の木は、神の意識がこの世に顕現する創造のプロセスと、神のもとに意識が回帰する霊的成長のプロセスを表しています。

「創世記」にも記された「生命の木」はカバラの教えの象徴です

　エデンの園で、神はアダムに「善悪を知る知恵の木の果実は決して食べてはいけない」と命じましたが、アダムは蛇に騙された女と一緒に、それを食べてしまいます。神は、もう一つの禁断の果実、不老不死になる生命の木の果実も食べてしまうことを恐れ、二人を楽園から追放します。土の塊からできた「人」であるアダムが、知恵の木の果実と、生命の木の果実を食べると、神に近づくことを意味するからです。

　人類の祖であるアダムと女は、肉体という衣をまとい地上に降ります。この時から男は額に汗して働くという、女は出産するという苦が始まったとされています。

　エデンの園を追放され、悲しむアダムに同情した大天使ラツィエルが、「また楽園に戻って来られるように」と二人に渡したものが、カバラだと言われています。

　また、「創世記」でアブラハムが、祝福するために現れたメルキゼデクから受け取ったものが、カバラと言われています。アブラハムは信仰の父とされ、ユダヤ教・キリスト教・イスラム教において、ノアの洪水後、神による人類救済のため、祝福された最初の預言者と言われています。

　カバラの伝統は、アブラハムから脈々と伝えられ今日に至ります。カバラを学ぶことは、人が神の意識を知り、神に近づくことを意味します。

「Adam and Eve」ティツィアーノ・ヴェチェッリオ

心理マップの領域が示す深層心理を深く知る　第Ⅵ章

カバラの奥義をひとつの図形に集約した「生命の木」

　カバラでは、人間が決して至ることのできない「無」を神としています。神が、自分自身の存在を知ろうと無限の光となり、生命の木の最初のセフィラ（器）、ケテルに流れ出て、最下部のマルクートまでエネルギーを満たし、意識が地上に顕現すると、今度はマルクートからケテルへ回帰のプロセスをたどります。

※「器」をヘブライ語でセフィラ（単数形）、セフィロト（複数形）と表現します。

生命の木－神の性質を示す10のセフィロトと意識の活動を表す三本の柱

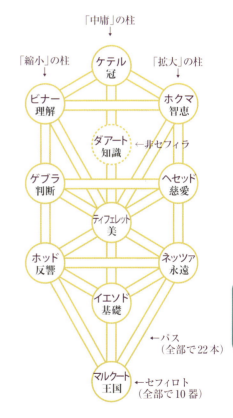

生命の木の図を覚える コツ
・10のセフィロト
・1つの非セフィラ
・それらをつなぐ22本のパス
から構成される幾何学的な図形です。

　神のエネルギーは、ケテル（冠）→ホクマ（智恵）→ビナー（理解）→非セフィラのダアート（知識）→ヘセッド（慈愛）→ゲブラ（判断）→ティフェレット（美）→ネッツァ（永遠）→ホッド（反響）→イエソド（基礎）と各セフィラを満たし、最後にマルクート（王国）へ流れます。

生命の木の三本の柱を覚える コツ
「拡大」「中庸」「縮小」という、
神の意識の活動を表す柱があります。

　神の意識は、拡大と縮小を繰り返し、この世に顕現し、また私たちも拡大と縮小を繰り返し、神の世界に戻ります。

※生命の木には、世界中のカバリスト達の研究によりさまざまな説がありますが、本書ではゼヴ・ベン・シモン・ハレヴィ師の思索のカバラをもとに、生命の木の考察をしています。

心理マップの領域が示す深層心理を深く知る　第Ⅵ章

ポイントはこれだ！ カバラは、現在の私たちが人間社会のさまざまな課題に出会った時、神の知恵を借りて、どう生きていくべきかというヒントを与えてくれる、永遠に色あせない教えです。

生命の木は神へつながる心の地図

　神の意識の活動を示す重要なシンボルである生命の木は、神の似姿として作られた私たちの、心理活動を表したものでもあります。魂の成長段階を示す意識の階層が、四世界で構成されていると考えます。

生命の木には、意識の階層を表す四世界が存在しています

心理マップの領域が示す深層心理を深く知る

第Ⅵ章

生命の木の四世界を覚える コツ

　四世界に一本ずつある生命の木は、重なり影響し合っています。一本の生命の木の中にも四世界は存在します。神のエネルギーである無限の光が、アツィルト界の最初のセフィラであるケテルから、アッシャー界のマルクートまで満たしていきます。

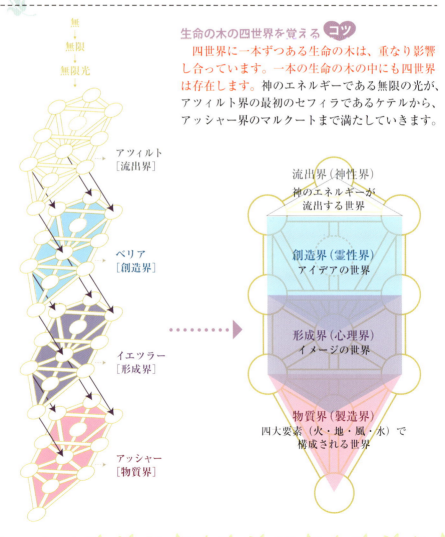

無 → 無限 → 無限光

アツィルト [流出界]
ベリア [創造界]
イエツラー [形成界]
アッシャー [物質界]

流出界（神性界）
神のエネルギーが流出する世界

創造界（霊性界）
アイデアの世界

形成界（心理界）
イメージの世界

物質界（製造界）
四大要素（火・地・風・水）で構成される世界

生命の木の四世界は、物質界の全てのものに影響しています

　カバラでは、世界は四層で構成されていると考え、生命の木は、四本の図でも一本の図でも、四世界は重なり合い影響し合っています。

　このことから私たちの生きる世界には四つのレベルが存在し、さらに物質界は火・水・風・地という四つの要素で構成されていると考えます。秘教では、物質は4や40という数字を経て形作られるとされています。その思想は、四つのスートという形で、タロットカードにも反映されています。

生命の木は、数秘術や占星術やタロットにも影響を及ぼしています

▶数秘術に対応している、10のセフィロト

▶占星術の惑星に対応している、10のセフィロト

心理マップの領域が示す深層心理を深く知る

第Ⅵ章

ポイントはこれだ！ 意識の活動を示す生命の木は、私たちの深層心理の中にも存在しています。本書では、形成界（心理界）の生命の木を、人間関係における私たちの心を表す領域として心理マップに落とし込みました。

POINT 40
生命の木を心理マップに落とし込む

　生命の木の機能を、私たちの心を表す領域として四角い枠に落し込んだ図形が心理マップです。タロットアートセラピーにおいて、相談者が置いたカードの配置を読み、心理活動を理解する手がかりをつかみます。

心理マップの心の領域は、10のブロックで表現されています

　①〜⑩の領域には、生命の木の各セフィラの機能が影響しています。さらに三本の柱と四世界、心理的時間などが、全体的に重なって影響し合います。

心理マップを使ったリーディングの コツ

　まずは配置されたカード全体の状態から、相談者の心理的特徴や人間関係の全体像をつかみ、それをふまえて個々の領域に置かれた人物札を読んでいきます。

心理マップの領域が示す深層心理を深く知る

第Ⅵ章

	縮小エネルギー	中立エネルギー	拡大エネルギー	
未来	3 ビナー	1 ケテル	2 ホクマ	宇宙レベル
現在	5 ゲブラ	6 ティフェレット	4 ヘセッド	社会レベル
	8 ホッド	9 イエソド	7 ネッツァ	
過去		10 マルクート		個人レベル
	過去	現在	未来	

左右に広がる縦軸で、心理活動のエネルギーの大きさを読む

　心理マップを左・中央・右で三等分した縦軸で、心のエネルギー状態を読みます。右側は拡大、左側は縮小、中央は活動0の中庸であり、ニュートラルな状態です。

縮小エネルギー
③⑤⑧（⑩左）は、縮小していく傾向がある。内側に向かい、すでに取り入れたものを守り、固める。良いものを選び、不適切なものを排除し、縮小する女性的な活動を示す。

中立エネルギー
①⑥⑨（⑩中央）は、中立でバランスを取ろうとする性質。全体を見渡す意識があるが、動きのない状態ともいえる0ポイントライン。

拡大エネルギー
②④⑦（⑩右）は、拡大していく傾向がある。愛やエネルギーにより外に向かって働きかけ、外側のものを取り入れて拡大する、男性的な活動を示す。

心理マップの領域が示す深層心理を深く知る

第Ⅵ章

縮小エネルギー	中立エネルギー	拡大エネルギー
3	1	2
5	6	4
8	9	7
	10	

ポイントはこれだ！　配置されたカード全体が、右側に多いか、左側に多いか、中央に多いかで、心の活動状態が分かります。中央に配置が多いとバランスが取れているとも言えますが、動きが少ないとも考えられます。

103

上下に広がる横軸で、意識レベルの上下を読む

心理マップを上下で四等分した横軸の層で、意識レベルを読み取ります。
・流出界③①②は宇宙レベル
・創造界⑤⑥④は社会レベル
・形成界⑧⑨⑦は日常レベル
・物質界⑩は個人レベルと見なします。

宇宙レベル
③①②は天を示し、神の意識や宇宙レベルを象徴。現実的でない偉大な発想や、時に非現実的な意識状態を示す。

社会レベル
⑤⑥④は社会レベル。自分の人生のテーマや社会的意識を持って活動する。世界での活動レベル。

日常レベル
⑧⑨⑦は家族や会社の組織、小さな社会のテリトリーでの活動を示す。日常生活での活動レベル。

個人レベル
⑩は地を象徴している。物質的安定を好む現実世界。地に足の着いた堅実的な世界で、保守的で個人的な意識。

3	1	2
5	6	4
8	9	7
	10	

宇宙レベル / 社会レベル / 個人レベル

心理マップの領域が示す深層心理を深く知る

意識レベルの読み方の

③①②を天とし、⑩を地と考えてみましょう。天の位置に置かれる人物札は、力や権威を持つ絶対的な人物を象徴しています。⑩に置かれる人物札は、大地のような安定感があるか、活動的ではない人物と考えることができます。

第Ⅵ章

ポイントはこれだ！ 上下の配置関係は、文字通り上下関係を表します。相談者が自分や他者をどんな位置に置くかで、社会的な格付けが現れます。下部にあるほど社会的に弱い立場を、上部は社会的に強い立場を示します。

心理的な時間軸を読む

　心理マップの縦横の両軸を、心理的な時間軸として読む場合があります。縦軸の場合は左側の③⑤⑧⑩を過去、中央の①⑥⑨⑩を現在、右側の②④⑦⑩を未来とします。また、横軸の層からも時間軸を使うことができます。上層③①②が未来、最下層⑩を過去として、中央二層⑤⑥④⑧⑨⑦を現在とします。

時間軸の見方の コツ

　総合的に見て、心理的な時間軸は、左下から右上への動きが、過去から未来へ流れていると解釈すると、分かりやすいでしょう。

	過去	現在	未来
未来	3	1	2
現在	5	6	4
	8	9	7
過去		10	

時間軸を設定する場合の コツ

　レイアウトの配置は必ず時間軸を示しているとは限りません。時間経過を示す場合もあるということです。カウンセリングを行う過程で、相談者の話す内容から、時間的な経過を示しているのか、別のことを示しているのかが見えてくるでしょう。

ポイントはこれだ！
まずはカード全体の状態からこの相談のエネルギーや意識レベル、心理的時間の特徴をつかみましょう。そして一枚ごとの人物札を、置かれた領域と、全体的な特徴を関連づけながら読んでいきます。

心理マップの領域が示す深層心理を深く知る　第Ⅵ章

POINT 41

領域①(ケテル)はエネルギーの流出

▼心理マップのココ！

3 ビナー	1 ケテル	2 ホクマ
5 ゲブラ	6 ティフェレット	4 ヘセッド
8 ホッド	9 イエソド	7 ネッツァ
	10 マルクート	

生命の木では **ケテル**（冠）

神のエネルギーの流出

数秘術では ①

| 絶対 | 唯一のもの |
| 始まり | 神 |

占星術では **海王星**

| 神秘 | 癒し |
| 夢 | 曖昧 |

心理マップの領域が示す深層心理を深く知る

　領域①は、生命の木のケテル（冠）に対応し、神のエネルギーの流出を示します。縮小も拡大もしない、0ポイントの位置ということは、**ぶれることのない安定した存在、絶対的なポジション**を意味します。憧れ、高い目標、希望、偉大な存在、権威、支配的な存在を示す領域です。

この場所に置かれるカードの地位で人物を読む

キング
権威のある絶対的な人物を象徴。この人物の影響下にあることを示し、グループを構築しているか、大きな責任を持っていると考えられます。

プリンス
若くて活動的で男性的なリーダーシップがこのグループに大きな影響を与えています。若さや活動力を絶対的な力とみなしています。

クイーン
グループの支配的な存在で、理解力があり見守っている立場。女性のリーダーか女性的な受容力でリードしていることを意味します。

プリンセス
純粋さや清らかさが絶対的だと思っています。この人物のことを、愛し、守るべき尊い存在と思っています。大切なものとして、扱うべき人物です。

第Ⅵ章

ポイントはこれだ！
この領域は全体に影響する力を象徴します。揺るがない絶対的なものを象徴します。人物なら絶対者、成功者、雲の上の人、手の届かない人、太刀打ちできない力を持つ支配者などを示します。

POINT 42

領域②(ホクマ)は インスピレーション

▼心理マップのココ！

3 ビナー	1 ケテル	2 ホクマ
5 ゲブラ	6 ティフェレット	4 ヘセッド
8 ホッド	9 イエソド	7 ネッツァ
	10 マルクート	

生命の木では ホクマ（智恵）

　拡大を促すひらめき　

数秘術では ②

| 相対 | 調和 |
| 直感 | 陰 |

占星術では 天王星

| ひらめき | 革命 |
| 非凡 | 最新鋭 |

心理マップの領域が示す深層心理を深く知る

　神のエネルギーが拡大の方向に流れ、生命の木のセフィラ、ホクマ（智恵）を満たします。神のエネルギーが智恵として働き、直感やインスピレーションをもたらします。対応する領域②は、**新しい可能性を示唆し、発展的で理想的なビジョン**を与えます。偉大な父性を示す領域でもあります。

この場所に置かれるカードの地位で人物を読む [コツ]

キング
社会的に信頼できる父性的な人物。グループに対して直接的な指示はないかもしれませんが、人にインスピレーションを与えます。

クイーン
ひらめきや直観力の強いスピリチュアルな女性。経験をどう発展させるかを考え、感性を活かした発想で人にアイデアを与えます。

プリンス
今までのやり方よりも最新鋭のものを取り入れたり、革新的なアイデアでグループを発展させようとする人物。理想の高い若者。

プリンセス
大きな理想を持っているけれど、経験不足で夢見がちな若い人物。理想の実現のために、新しいアイデアやひらめきを吹きこみます。

第Ⅵ章

ポイントはこれだ！
この領域は、心を開き自分を解放することで、新しいエネルギーを得ます。それは、斬新なアイデアやひらめき、霊的な導きなどです。この位置に置かれた人物札は、芸術や精神世界に心を開く性質の人物です。

POINT 43

領域③は智恵を受容し理解する

▼心理マップのココ！

3 ビナー	1 ケテル	2 ホクマ
5 ゲブラ	6 ティフェレト	4 ヘセッド
8 ホッド	9 イエソド	7 ネッツァ
	10 マルクート	

生命の木では **ビナー（理解）**

ひらめきを理解し、構築する

数秘術では ③

三位一体	表現
創造性	美的

占星術では **土星**

縮小	構築
責任	古い

心理マップの領域が示す深層心理を深く知る

　領域②の革新的なひらめきに対し、領域③は、伝統的な価値観や文化的な影響を示します。生命の木のビナー（理解）に対応する領域③は、ひらめきを受容して育む、母の子宮のような場所です。領域②で得たひらめきは、領域③で受けとめられ、概念として理解されます。

この場所に置かれるカードの地位で人物を読む　コツ

第Ⅵ章

 キング
この位置に配置された人物の築き上げたものや信念などがグループを支配しています。遠くから見守っている存在かもしれません。

 クイーン
積極的に関わることは少ないのですが、この人物の考えがグループに強く影響を与えています。保守的な考え方を持っています。

プリンス
保守的な考え方で、伝統を守るために、グループに積極的に働きかけていた人物です。グループの安定した存続に影響力を持ちます。

プリンセス
古くからグループに関わっている若い人物で、グループの理想や理念に共感していますが、影響力が低く、おとなしく見ている状態です。

ポイントはこれだ！
この領域に配置された人物は保守的で、グループとの関係性は弱いかもしれません。実際的な関わりが低くても、この人の概念が影響を与えていて、尊敬されているレジェンド的な存在かもしれません。

POINT 44

領域④は慈愛のエネルギー
（ヘセッド）

▼心理マップのココ！

3 ビナー	1 ケテル	2 ホクマ
5 ゲブラ	6 ティフェレット	4 ヘセッド
8 ホッド	9 イエソド	7 ネッツァ
	10 マルクート	

生命の木では **ヘセッド（慈愛）**

寛大な愛のエネルギー

数秘術では ④

| 安定 | 現実性 |
| くつろぎ | 物質 |

占星術では **木星**

| 拡大 | 許可 |
| 教養 | 財産 |

心理マップの領域が示す深層心理を深く知る

　生命の木のヘセッド（慈愛）は、神のエネルギーが慈愛として現れます。対応する領域④は、拡大するために愛を持って社会に向かって働き、愛を持って社会を受け入れます。ここでの愛のレベルは、個人的なものではなく、**社会的な大きな愛や慈愛、博愛**を示します。そして社会にある愛を受け取ります。

この場所に置かれるカードの地位で人物を読む コツ

 キング
寛大で父性的なボスを象徴します。自信を持って社会に（グループ外とも）関わり、新たなチャンスや可能性を発展させたいと思っています。

 クイーン
知識や経験を活かして新たなチャンスをつかみ、グループに貢献したいと思っている女性。愛情豊かで社交力がある女性的なリーダー。

 プリンス
新しいチャンスをつかむために自分の良さを社会に向かってアピールします。いろいろな人々に働きかけ、社会に向かって挑戦します。

 プリンセス
高い理想を持ち、グループのこれからの発展に興味があります。知識や経験が少ないので、良い悪いの分別はないかもしれません。

ポイントはこれだ！
　この領域に配置された人物は、オープンで寛大な性格から愛される性質でしょう。グループに新たな可能性を運ぶリーダー的な性質を持っています。領域④は、活動の発展性や進歩的な性質を表しています。

第Ⅵ章

POINT 45

領域⑤(ゲブラ)は厳粛な判断

▼心理マップのココ！

3 ビナー	1 ケテル	2 ホクマ
5 ゲブラ	6 ティフェレット	4 ヘセッド
8 ホッド	9 イエソド	7 ネッツァ
	10 マルクート	

生命の木では **ゲブラ**（判断）

> 深い理解に基づいた判断

数秘術では ⑤

| 五感 | 自由 |
| 活動 | 挑戦 |

占星術では **火星**

| 戦い | 勇敢さ |
| 危機 | セックス |

心理マップの領域が示す深層心理を深く知る

　生命の木のゲブラ（判断）は、ヘセッド（慈愛）と対になって働きます。領域④で拡大したチャンスなどは、領域⑤で判断します。チャンスは減り、縮小しますが、明確に意志や概念を社会に打ち出します。領域⑤は、領域③の下にあるので、深い理解に基づいて、社会にあるものを判断します。

この場所に置かれるカードの地位で人物を読む　コツ

キング　指揮力のあるグループの支配者。厳しい判断であっても、良いと思う決断を行います。信念や概念を社会に打ち出します。

クイーン　慣習に従いグループを保持しようとします。思慮深く保守的ですが、秩序を守るため、慣習や伝統を踏まえて、厳しく判断します。

プリンス　ルールに忠実で、常識的な人物。勇気と行動力があり、堅実でもあります。社会やグループに対し、働きかける力や熱意があります。

プリンセス　グループの中にある秩序やしきたりを従順に守っています。それが良いのか悪いのかよりも、人間関係が平穏であることを望みます。

ポイントはこれだ！　この領域に配置された人物は、伝統や文化を守り、保守的な理念に基づいています。また、グループの思想やルールを明確にすることで、グループの活動をクリアにし、安定させようとします。

第Ⅵ章

POINT 46

領域⑥は調和の取れた美しさ
(ティフェレット)

▼心理マップのココ！

3 ビナー	1 ケテル	2 ホクマ
5 ゲブラ	**6 ティフェレット**	4 ヘセッド
8 ホッド	9 イエソド	7 ネッツァ
	10 マルクート	

生命の木では **ティフェレット（美）**

> 調和の取れた自己

数秘術では ⑥

| 真実 | 美 |
| 善 | 無条件の愛 |

占星術では 太陽

| 生命力 | エネルギー |
| 本質的な自己 | 公的活動 |

心理マップの領域が示す深層心理を深く知る

　生命の木のダアートをふまえて、上下左右の中心に位置するセフィラであるティフェレット（美）には、8つのパスで8つのセフィロトに接触しています。それらのセフィロトを統合し、最も調和が取れている美しい質を示しています。領域⑥は自己意識の美しい質、真心や中心となる信念を示す領域です。

この場所に置かれるカードの地位で人物を読む コツ

 キング
揺らぐことのない自信と誇りを持つ人物。自分の信念を果たす責任感を持っている中心的人物で、グループをまとめています。

 クイーン
グループの中心にいる女性。まとめ役。女性的な感性を活かし、周りの人や物事を受容する力があり、配慮を持って関わります。

 プリンス
若くて信念と実行力のあるグループの中心的存在です。この人物にあこがれる人が多く、グループは活動的な状態にあるでしょう。

 プリンセス
未熟ですが純粋な人物で、まわりの人に理解され愛されています。この人物を支えることでグループがまとまっています。

 ポイントはこれだ！
領域⑥はグループの目的を象徴する人物が配置されたり、配置した人の真心が求めるものが現れます。カードが配置されてなくても、そこに描かれるものが、その人の目的や信念、真心にあるものが現れる領域です。

第Ⅵ章

POINT 47

領域⑦(ネッツァ)は 求め続ける熱意と欲求

▼心理マップのココ！

3 ビナー	1 ケテル	2 ホクマ
5 ゲブラ	6 ティフェレット	4 ヘセッド
8 ホッド	9 イエソド	7 ネッツァ
	10 マルクート	

生命の木では ネッツァ（永遠）

勝利や愛情欲求と活動

数秘術では ⑦

神秘　　未知
孤独　　探求心

占星術では 金星

物質　　調和
美　　　愛情

心理マップの領域が示す深層心理を深く知る

　領域⑦は生命の木のネッツァ（永遠）に対応しています。この永遠とは、周期的に繰り返されるものを象徴します。勝負に勝ち続けたい思いや、愛され続けたい思いなど、ずっと求め続けたいという情熱や衝動的な思いを示します。日常的に積極的に関わりたい人物や、取り組みたい事柄を表します。

この場所に置かれるカードの地位で人物を読む コツ

キング
身近で親しみやすいボス。遊びやプライベートな活動で、周りの人にエールを送る年配の男性。人生の楽しみ方を教えてくれる人物です。

クイーン
美しく女性的であることを楽しんでいるゆとりある人物。人当たりが良く社交的で、愛されることが生活の充実に関係しています。

プリンス
求め続ける情熱と行動力がある人物。自分の思いを行動に移し、挑戦します。人生を楽しみ、人に喜びやエネルギーを与える人物です。

プリンセス
経験が少ないので、多くのことを経験したいと意欲的に取り組みます。役割の中に楽しみを見つけます。愛されたいと願っています。

ポイントはこれだ！
この領域は日常生活の中での喜びや楽しみに関係しています。この領域に配置された人物は、ムードメーカーであったり、明るく前向きな可能性をグループにもたらす行動力ある人物でしょう。

第Ⅵ章

POINT 48

領域⑧(ホッド)は日常的な判断や反応

▼心理マップのココ！

3 ビナー	1 ケテル	2 ホクマ
5 ゲブラ	6 ティフェレット	4 ヘセッド
8 ホッド	9 イエソド	7 ネッツァ
	10 マルクート	

生命の木では **ホッド（反響）**

継続され習慣化された活動

数秘術では ⑧

| 継続 | 支配 |
| 建設 | パワー |

占星術では **水星**

| 学習 | 知性 |
| 情報 | 神経 |

心理マップの領域が示す深層心理を深く知る

　生命の木のホッド（反響）は、ネッツァと対になって働きます。領域⑦で外側に働きかけ求めて得たものを、領域⑧では、内側に取り込みます。領域⑧では、**取り入れられた経験や情報をもとに日常生活の判断**を行います。それは継続され習慣化されます。日々の学習や仕事の能力を示します。

この場所に置かれるカードの地位で人物を読む コツ

 キング
過去に築き上げたものが絶対的だと考える年配の男性。グループの存続のため、現状維持のため、日常的な事柄に影響力を発揮します。

 クイーン
仕事や役割を忠実にこなす秘書的な人物。状況を把握し、経験から判断をする有能な人物。仕事や学習の能力が高い人物です。

 プリンス
仕事や日課などを積極的に行う人物。目的を果たすために、地道な活動を続けます。状況を把握し、実現可能なことを遂行します。

プリンセス
言われたことを言われた通りに行い、学習していきます。技術が低く、立場が弱くても、従順でまじめで、継続力のある人物です。

 ポイントはこれだ！
領域⑧は、日常生活のルーティンワークに関係します。この領域に配置された人物は、物事を継続する力を持っていて、グループに安定をもたらします。グループに対して、受動的な関わり方をしている人物です。

第Ⅵ章

POINT 49

領域⑨（イエソド）は 日常の思考・行動・活動

▼心理マップのココ！

3 ビナー	1 ケテル	2 ホクマ
5 ゲブラ	6 ティフェレット	4 ヘセッド
8 ホッド	9 イエソド	7 ネッツァ
	10 マルクート	

心理マップの領域が示す深層心理を深く知る

生命の木では **イエソド（基礎）**

日常生活の活動基盤

数秘術では ⑨

精神性	探求
明け渡し	手放し

占星術では **月**

生活	模倣
心	私的活動

　生命の木のイエソド（基礎）は中庸の柱の下部に位置して、基盤を作り、生命の木に安定をもたらします。意識活動は、日常生活をしているときの心理を示します。イエソドに対応する領域⑨は、日常生活における活動基盤を示す領域です。グループの安定性や普段の在り方を表します。

この場所に置かれるカードの地位で人物を読む **コツ**

 キング
偉大な人物がグループの基礎を作り、グループは安定しています。庶民的な権力者。経験豊かな人物が能力を発揮できずにいます。

 クイーン
家族や家庭を守る女性のような存在。日々の活動の安定のためにいろいろなことに関心を持っています。庶民的な女性のリーダー。

プリンス
目的を達成するために積極的に活動します。この人物の活動がグループを支え、基礎を作っています。グループを活性化する人物。

プリンセス
夢や目標に向かい一途で、一生懸命です。将来性はありますが、まだ経験不足な人物で、学ばなければならないことがあります。

 ポイントはこれだ！
領域⑥の目標を叶えるために、日々の活動を行うことを表しているのが領域⑨です。ここに配置された人物は、発展のための基礎を作り、グループの軸になる存在で、日常的な活動のまとめ役です。

第Ⅵ章

POINT 50

領域⑩(マルクート)は神のエネルギーの顕現

▼心理マップのココ！

3 ビナー	1 ケテル	2 ホクマ
5 ゲブラ	6 ティフェレット	4 ヘセッド
8 ホッド	9 イエソド	7 ネッツァ
	10 マルクート	

生命の木では **マルクート（王国）**

場所と時間と形のある物理世界

数秘術では ⑩

| 完成 | 神の子 |
| 終わり | 次世代 |

占星術では **地球**

| 物質 | 時間と空間 |
| 肉体 | 場所 |

心理マップの領域が示す深層心理を深く知る

　神のエネルギーが物理世界に顕現されたことを示すのが、生命の木のマルクート（王国）です。領域⑩は時間と場所を示します。この領域では特に左から右に時間の流れを示すことが多く、一般的には、左を過去、右を未来という時間の流れを表し、大地の持つ安定性を表す領域です。

この場所に置かれるカードの地位で人物を読む　コツ

キング

この人物の功績を元にグループは成り立っているかもしれません。グループに力を与え陰から支えています。場所を支配している人物。

クイーン

内向的で家庭に留まっている女性。お金や時間や状況などを現実的に把握して、地に足が付いて、物質的な安定を大切にしている人物。

プリンス

現実に向き合い実際的な行動をとる人物。実践力があり、考えて行動するよりは、目の前の状況に対応します。役割に徹しています。

プリンセス

与えられた仕事や役割に疑問を持たずに受け入れ、真面目に遂行します。平凡で保守的な若い人物。物事を継続する力を持っています。

第Ⅵ章

ポイントはこれだ！

領域⑩に配置される人物は、社会的地位が低いか、社会的評価が低い人物かもしれませんが、グループの中心的な人物や目的を応援し、支える人物です。領域⑩は現実主義的な人物を象徴します。

第Ⅶ章
導きを得たい時はタロットスプレッドで占う

POINT 51　自分を知る真実の鏡スプレッド

POINT 52　自己を解放するインナーチャイルドスプレッド

POINT 53　運命の相手を探るソウルメイトスプレッド

他から導きを得たい場合のための、タロット占いを紹介します

自分で気付きを得るよりも他から導きを得たい場合は、
タロットスプレッドで占いを行ってもよいでしょう。
人物札16枚を用い、自分自身の個性や特徴を生かすために役立つ
三つのスプレッド（展開法）とリーディング例を紹介します

✡ タロット占いの手順 ✡

エネルギーを整える
静かに瞑想し、想念を手放すとともに、集中力を高めます。

占目を宣言する。
占目を明確にし、相談者と天使に向かって宣言します。

心を無にしてシャッフル＆レイアウト
タロットクロス（滑りにくい布でOK）の上でカードをシャッフルし、
相談者に必要な枚数を引いてもらい、展開します。

占い終了時は、シャッフルで浄化
全てのカードを伏せて左回りにシャッフルし、残るエネルギーを浄化します。

※このスプレッドは正位置・逆位置をとらないリーティングを行っています。

POINT 51

自分を知る
真実の鏡スプレッド

　いろいろな人と出会い、仕事や役割を果たしていると、自分がどんな人間なのか、本当の自分が分からなくなってしまう時があります。社会に見せている個性と本質的な個性を知り、才能を引き出します。

相談例　Consultation　　　　　　　　　　　　　　　相談者の話を聞く

相談者Aさん（40代♀）
転職して新しい職場で仕事を始めました。周りの人が私のことをどう思っているのか、どう関わっていけば上手くいくのか教えてください。

展開例　layout　　　　　　　　　　　　　　　　　　カードをレイアウトする

▼相談者がシャッフルし、一つにまとめ、一番上のカードを①へ、一番下のカードを②へ置く。

①ペルソナ

②セルフ

> このスプレッドに適した相談

・人と上手く関わるにはどうすればいいのか　・相手との接し方が分からない
・人が自分をどう見ているのか知りたい　・自分の本心が分からなくなってきた

> 各ポジションの意味を把握する

①ペルソナ…目的や場所、関わる人に応じて変わる自分の仮面。社会に見せている顔。
②セルフ……相談者の本質的な個性。相談者の持つ自己のイメージを示す。

リーディング　Reading　　　　　　　　　　　　カードの意味を読む

▶①ペルソナ ［剣・プリンス］
知的で能力が高い人と見られているようです。仕事が出来るという印象です。ちょっと頑張りすぎていて、近寄りがたい印象があるかもしれません。

▶②セルフ ［剣・クィーン］
Aさんの本質的な個性は、知的でさわやかな印象を与える人です。社交的で誰とでも上手く付き合っていけると思います。

リーディングの

ペルソナ、セルフが同じスートなので、自分の本質を表すのに大きな矛盾がないと読む。剣のスートは社交性を示し、正位置なので、社交性が高く大きな問題はないと読む。

アドバイス　Advice　　　　　　　　　　　セラピストとしてのアドバイス

新しい会社に入って気持ちが先走っているようです。Aさんのそのままの自分でいれば人間関係は上手くいくでしょう。早く職場に慣れて、少しリラックスできればいいですね。

ポイントはこれだ！
使用カードが2枚という、少ないスプレッドなので、相談者の話を丁寧に聞いてリーディングを行い、相談者の才能を引き出すようなアドバイスを行いましょう。

導きを得たい時はタロットスプレッドで占う　第Ⅶ章

POINT 52

自己を解放する
インナーチャイルドスプレッド

　インナーチャイルドとは幼児期に形成された個性のことで、生来的な性質と両親の影響を受けて育まれます。自分に自信がなくなった時、両親からの影響や育まれた才能を知り、内なる子どもを愛し、自分らしく輝きましょう。

相談例　Consultation　　　　　　　　　　　　　相談者の話を聞く

相談者 A さん（20 代♀）
子どもの頃から両親は、私を思うように育てようと支配的でした。母は私の意見を聞くより父に従う方でした。私は父への反発心から、社会人になるとすぐに家を出て自活しましたが、このままでいいのでしょうか？

展開例　layout　　　　　　　　　　　　　　　カードをレイアウトする

②母　　　　　　　　　①父

③インナーチャイルド

導きを得たい時はタロットスプレッドで占う　第Ⅶ章

120

このスプレッドに適した相談

・自分のインナーチャイルドが何を求めているのか知りたい　・自信を持ちたい
・子どもっぽい自分を成長させたい　・親との関係を見つめ直したい　・癒されたい

各ポジションの意味を把握する

①父…相談者から見た父親。自分が受け取った父親の質や才能。
②母…相談者から見た母親。自分が受け取った母親の質や才能。
③インナーチャイルド…生来の自分の由来する個性や育まれた個性や才能。

リーディング　Counseling　　　　　　　　　　カードの意味を読む

▶①父［金貨・プリンセス］
父親は自分の価値観の中で生きている人で、Aさんが外の世界（自分の知らない世界）へ飛び出して傷つくことを恐れていたようです。

▶②母［剣・キング］
母親は優しくはなかったかもしれませんが、正しい判断をしようとしていました。父親が正しいと思っていたので従っていたようです。

▶③インナーチャイルド［金貨・キング］
Aさんは自分が親に支配されて生きるより、自立したいと望みました。経済力を手に入れるために才能を育みました。

リーディングのコツ

父とAさんは同じスートなので、似たところがあります。母とはスートが異なるので、なかなかAさんのことを理解してもらえなかったと思われます。

アドバイス　Counseling　　　　　　　　セラピストとしてのアドバイス

Aさんは父親と似ています。自分と似たところがあるからこそ心配したのかもしれません。似た者同士だからいつか理解し合える時が来るでしょう。案外、母親よりも父親の方が話しやすいかもしれませんよ。

ポイントはこれだ！
インナーチャイルドを癒すためには、子ども時代にどんな経験をしたのかを話してもらわなければなりません。楽しい思い出を話してもらった後に、辛い経験を尋ねてみるとよいでしょう。

導きを得たい時はタロットスプレッドで占う

POINT 53

運命の相手を探る
ソウルメイトスプレッド

どんな人が私にとって運命の人なのか？　どう振舞えば運命の人に出会えるのか？　出会った相手に対してのどう関わっていけばいいのか？　**パートナーに関する悩みの答え**を、このスプレッドは簡潔に教えてくれるでしょう。

相談例　Consultation　　　　　　　　　　　　相談者の話を聞く

相談者Aさん（30代♀）
付き合って二年の彼氏がいます。私は結婚を考えているのですが、相手はどう思っているのでしょうか？　私との結婚を考えてくれているのでしょうか？　相手の気持ちが知りたいです。

展開例　layout　　　　　　　　　　　　　　カードをレイアウトする

▼16枚から①自分（相談者）のカードを1枚選び、残りを伏せて②相手カードを1枚引く。

①自分

②相手

このスプレッドに適した相談

・相手の性格を知りたい　・相手の気持ちを知りたい　・どんな人と出会うかを占う
・ソウルメイトの人物像を探る　・相手に対してどう振舞えばいいのかを知りたい

各ポジションの意味を把握する

①自分…自分を持つことで良い出会いを引き寄せます。相談者の個性に近いカードを選びます。
②相手……相手の人物像や行動、気持ち、個性が現れます。

リーディング　Counseling　　　　　　　　　　　　　カードの意味を読む

▶①**自分**［金貨・クィーン］
相談者は結婚を考えています。結婚することで人生が落ち着き、経済的にも安定すると思っているので、このカードを選びました。

▶②**相手**［杖・キング］
責任感のあるキングのカードが出たので、彼は結婚を考えているようです。ワンマンなところがあり自分のペースですが、頼りがいのある人です。

リーディングの

保守的な相談者は、仕事を進めるように堅実に結婚を進めたいようですが、彼は情熱と勢いで進めるタイプです。タイプの違いから結婚の話が進みにくいようです。

アドバイス　Counseling　　　　　　　　　　　セラピストとしてのアドバイス

恋愛に盛り上がっていた時期は過ぎたのかもしれませんが、結婚の話が進む時は一気に決まるかもしれません。彼は率直な人なので、結婚に対する思いをはっきり伝えることで分かってくれるでしょう。

ポイントはこれだ！　パートナーのいない人にとっては、どんな人が運命の人なのかを探ることができます。パートナーのいる人には相手の気持ちを知ることや、相手に対してどう振舞えばいいかなどを占います。

体験談

セラピストの体験談

吉田ルナ

　タロットアートセラピーを行って、最初にレイアウトした後に、「本当にこの配置でいいの？」と聞くと、「本当はこうです。」とカードの位置を変える人がたくさんいます。私は、相談者が段々と自分に正直になっていく過程が好きです。配置が完成し自由に絵を描きながら、相談者が解放されていく姿には、私もワクワクします。人間関係の中で閉じ込められていた自分が自由になり、さらに大きな夢を持ち、広がっていく行程が伝わってくるたび、私自身も幸せな気持ちをいただくことができるのです。

　私が行ってきた多くのセラピーの中で、アートセラピーはお互いが癒されることができる最も興味深いセッションです。特に本書のタロットアートセラピーは、人生に深い洞察が得られる上に、人と人をつなげる愛の力が込められているカードの絵が素敵で、相談者に大変喜んでいただいています。

片岡れいこ

　まずは自分自身を取り巻く人間関係を自分で行ってみました。特に関係性に問題はなかったのですが、配置して、生命の木の心理マップに当てはめると、深層心理にあったさまざまな思惑を自覚することができ、登場人物に対する気付かなかった役割や、新たな尊敬を再認識することができました。その結果、何気なく過ごしていた人生や出会いの全てが意味のあるものに感じ、非常に癒されました。

　特に悩みや問題がなくても、自分を取り巻く人間関係から行ってみることをお勧めしますし、家族やグループと一緒に行ってみても、とても意義のある体験ができることでしょう。

吉田ルナのセッション風景

カードチョイスとレイアウト

カウンセリングとアナライズ

相談者の体験談

A子さん（50代♀）
　家族との関係を扱いました。タロットカードの知識はあるので人物札を選ぶのは簡単だと思っていたのですが、意外にも夫のカードが決まりませんでした。
　始め、厳しい夫を［剣・キング］にしましたが、しっくりこなくて、先生のサポートによって、厳しさの元は心配性な夫なりの優しさなのだと捉えた時、［聖杯・キング］に変わったのです。並べて全体を見るとしっくりし、最終的に納得のいく関係図が描けました。
　全体を俯瞰することで、私がこれまで家族に一方的なイメージを持っていたことに気付き、家族の良い一面を見つけることができて感動しました。

B美さん（40代♀）
　私の母と叔母たちとの関係を扱いました。それぞれ特徴があってカードは選びやすかったのですが、意外にも自分のカードがなかなか決まらず、本当はどうなんだろうと、深く考えることができました。第三者の目で自分を見た時にどうなのかと、冷静に自分と向き合うことができて本当に良かったです。

C代さん（30代♀）
　タロットカードの絵が可愛らしくて、見てるだけで気持ちが癒されます。人間関係についてカードをレイアウトしていく時に、「この人はどんな人？」「何を考えてるんだろう。」「自分にとってどんなポジションにいるのか。」「で、私はどうしたいのか。」をあらためてじっくり見つめ直せて、思わずはっとしました。
　アートワークの時は、自分でも思ってもみなかったように手が動き驚きました。そして描いたものに対して、感情や潜在意識を教えられ、すごい！　と感動しました。楽しくて刺激的なだけでなく、とても深いセラピーでした。

アートワーク

アウェアネスとクロージング

あとがき

人とともに生き、幸せになるタロットアートセラピー

　私たちは生まれる前から両親という人間関係が存在しなければこの世に登場しなかったように、一人では生きていけない生きものです。あなたが偉大な才能の持ち主であっても、その才能を育み認めてくれる誰かに出会うからこそ日の目を見ることができるのです。恋愛、仕事、家族、友達…喜びも悲しみも人との関わりの中で生まれます。私達が幸せになるために重要なのは、これら目の前の人間関係ではないでしょうか？

　タロットカードを愛し、アートセラピーやILC（インナーライトコンシャスネス）やカウンセリング、ヒーリングワークの実践を生涯の仕事としてきた私が、その集大成とも言える本書、『人間関係を占う癒しのタロット 解決に導くカウンセリング術』を出版することができました。この本を通じて、タロットカードの持つ神秘的なメッセージと、秘教カバラの生命の木、アートの融合により、素晴らしいワークを体験していただけるでしょう。

　私たちは時に、人間関係を円滑に保とうと、自分の欲求や感情を抑えてしまいがちです。そうすると近くに愛してくれる誰かがいても、孤独に陥ってしまいます。けれど自分の中にある喜びや悲しみを表現し、本当の自分らしさを表現することで、他者との距離を縮めることができます。この本が、自己を解放することに勇気を持ち、愛と才能を解き放つ役に立てればと思います。

　タロットアートセラピーは自分自身に行うことも可能ですが、本書では、タロットアートセラピストとしての技術を紹介しています。そこには、タロットを通して人と関わり、セラピストと相談者という出会いを通して、お互いを認め合い、信頼し合い、高め合って欲しいという願いを込めています。セッションでは、相談者のみならずセラピストにも気付きと感動をもたらします。ぜひ、タロットアートセラピーの癒しの世界を体験してください。

　最後に、この本の制作にあたり、ご協力いただいた相談者はじめ作品を提供していただいた皆様、撮影に協力していただいた皆様、素敵なカードを書き下ろしてくださった片岡れいこさんには感謝と御礼を申し上げます。

吉田ルナ

※本書で使用している生命の木や四世界の図は、すべてゼブ・ベン・シモン・ハレヴィ先生の研究成果によるものです。

自分を取り巻く人間関係が素晴らしいものになりますように

あとがき

　本書では、人間関係においてインスピレーションを得やすいように、人物札の個性に合せたオリジナルイラストを使用しました。人種や国籍、文化や宗教を越えてつながる人類愛の思いを込めて描いています。自分の中にある、ある時は自信に満ちたキング、ある時は包容力のクィーン、活動的なプリンス、また、純粋なプリンセスの質を愛してもらえればと思います。

　私が占いやセラピーを通して感じること…それは、私たちの生きる世界には喜びや悲しみ、さまざまな感情があふれているように見えますが、それは一体誰が決めることなのかという疑問です。同じ現象でも人によって悩みや喜びの大小はさまざま…。きっと起きている現象には幸も不幸も存在せず、それを決めるのは私たち自身の心なのです。だとしたら目の前の現象を喜ぶ方が、人生はずっと楽になります。その選択は今すぐにでもできるでしょう。けれど私たちは、人間関係の中で思い悩み、あれこれ考えて迷います。それならば、このタロットアートセラピーというツールで、幸せになる近道を体験してみてはいかがでしょうか？

　セラピストとして、人の悩みを受けとめ過ぎて疲れてしまうことがあれば、相談者にとっても嬉しいことではありません。自分が相談者を助けている、自分の力で何とかしよう、そう思うのはセラピストの傲りや高ぶりかもしれません。そんな時、自分の魂を体の中心から追い出してみてはいかがですが？　天使の力を借りるとカンタンです。天使が自分の体を通して、目の前の相手を受けとめ、自分の声を使って投げかけている。そう考えると、きっと重かった心が軽くなり、その場に素敵なエネルギーが流れ出すことでしょう。そして私たちを取り巻く人間関係が素晴らしいものであることに気付いていただければと願います。

片岡れいこ

★吉田ルナの主催するラブアンドライトでは、タロットアートセラピーのワークショップを開催しています。

★本書でイラストに使用したタロットカードは、購入が可能です

詳しくはラブアンドライトHPまで
http://loveandlight21.jp

著者紹介

●企画・執筆・監修　吉田 ルナ

　幼い頃から霊感があり、13 歳からタロットに魅了され、西洋占星術など多技に渡る占術で、プロとしての鑑定実績は延べ 2 万人以上。現在は魔法学校「ラブアンドライト」を主宰し、秘教の研究を活かしたアートセラピーをタロットワークに取り入れ、関西中心に対面鑑定と講師活動を行う。

▼活動
・魔法学校「ラブアンドライト」の主宰
・よみうり文化センター　講師
・株式会社エンソー（占い総合センター）講師
・フィリング関西カパラ　運営スタッフ

▼資格
・フィリング認定　タロットセラピスト　ILC 教師
・心理学ＮＬＰ　マスタープラクティショナー修了
・社団法人日本アロマ環境協会　アロマテラピーアドバイザー
・レイキティーチャー・カラーコーディネーター

▼著書
・『もっと本格的に人を占う！究極のタロット』
・『もっと本格的にカードを読み解く！神秘のタロット』
・『もっと本格的にスプレッドを極める！魅惑のタロット』
・『この一冊で本格的にできる！タロット占いの基本』
・『幸せに導くタロットぬり絵　神秘と癒しのアートワーク』

●企画・絵・デザイン・編集　片岡 れいこ

　タロットセラピスト、ヨガ講師、版画家、クリエイター。京都市立芸術大学卒業後、広告代理店、イギリス留学を経て、アトリエニコラ主宰。独自の体験を元にした旅行本出版の他、吉田ルナ監修タロット本シリーズの制作を手がける。

▼著書
・『カナダへ行きたい！』
・『イギリスへ行きたい！』
・『イラストガイドブック 京都はんなり散歩』
・『トルコイラストガイドブック 世界遺産と文明の十字路を巡る旅』
・『乙女のロンドン かわいい雑貨、カフェ、スイーツをめぐる旅』
・『北海道体験ファームまるわかりガイド』
・『幸せに導くタロットぬり絵　神秘と癒しのアートワーク』

●編集協力　小橋 昭彦

人間関係を占う　癒しのタロット
解決へ導くカウンセリング術

2017年10月15日　第 1 版・第 1 刷発行

監修者　吉田 ルナ（よしだるな）
　絵　　片岡 れいこ（かたおかれいこ）
発行者　メイツ出版株式会社
　　　　代表者　三渡　治
　　　　〒102-0093　東京都千代田区平河町一丁目1－8
　　　　TEL　03-5276-3050（編集・営業）
　　　　TEL　03-5276-3052（注文専用）
　　　　FAX　03-5276-3105
印　刷　株式会社厚徳社

●本書の一部、あるいは全部を無断でコピーすることは、法律で認められた場合を除き、著作権の侵害となりますので禁止します。
●定価はカバーに表示してあります。
©片岡れいこ, 2017. ISBN 978-4-7804-1930-6 C2071　Printed in Japan.

ご意見・ご感想はホームページから承っております
メイツ出版ホームページアドレス　http://www.mates-publishing.co.jp/

編集長：折居かおる　企画担当：折居かおる　制作担当：清岡香奈